Leontine von Winterfeld-Platen

HEINZ LÜDER

Gott lohnt den Treuen allzumal

Leontine von Winterfeld-Platen

HEINZ LÜDER

Gott lohnt den Treuen allzumal

OTTO BAUER VERLAG STUTTGART 75

ISBN 3-87047-054-2
1.–4. Tausend 1985

Umschlag: Siegfried Bauer
Druck und Bindearbeiten: Ebner Ulm
Printed in Germany

Es ist der 20. Februar 1546.

Über die Saale und die Mansfelder Seen pfeift ein eisig kalter Wind von Osten her. Er scheucht bleigraue Wolkengeschwader über den Himmel und peitscht sie tiefer und tiefer, so daß sie fast die sturmgebeugten Kronen der Tannen berühren und die fernen düsteren Bergzüge in ihre grauen Schleier hüllen.

Durch diese kalte Einsamkeit des nassen Februartages reiten zwei Männer. Sie reiten schnell, denn sie haben noch einen weiten Weg vor sich. Der Wind bläst ihnen in den Rücken und jagt den Pferden Schweif und Mähne nach vorn. Das Zaumzeug knarrt beim Traben, und die Kinnketten klirren leise. Krähenschwärme fliegen aufgescheucht aus den dunklen Ackerfurchen vor ihnen auf, und manchmal schnürt ein Fuchs witternd über den morastigen, aufgeweichten Weg.

„Wir müssen bald in Eisleben sein“, sagt der Ältere der beiden, dem ein voller grauer Bart bis über den Lederkragen reicht.

“Wenn der Tag nicht so trübe und wolkenverhangen wäre, müßten wir die Türme schon sehen."

Der andere, der neben ihm reitet und der etliche Jahre jünger ist, zügelt plötzlich sein Pferd und wendet lauschend den Kopf.

„Ich meine, immer wenn der Wind ein wenig nachläßt, ich könnte Glocken läuten hören, Starnfelser. Sollte das schon Eisleben sein?"

Ulrich Starnfels schüttelt den Kopf.

„Ich wüßte nicht, warum zu dieser Stunde die Glocken läuten sollten, Heinz Lüder. Es ist doch heute kein Sonn- oder Feiertag im Deutschen Reich."

Abgerissen – vom Winde verweht – klingen Glocken von irgendwo her durch das kalte, undurchsichtige Grau des Wintertages. Wie unterdrücktes Weinen klingt es, das der hetzende Sturm nicht aufkommen lassen will.

„Es muß einer gestorben sein", meint Heinz Lüder nachdenklich.

Der Starnfelser nickt und macht das Zeichen des heiligen Kreuzes. „Gott gnade seiner armen Seele! Aber es muß ein Vornehmer oder Großer sein, denn es scheinen alle Glocken der Stadt zu läuten und die Glocken aller Dörfer rings umher."

Jetzt haben die beiden eine Anhöhe erreicht und halten ihre Pferde an. Sie lauschen angestrengt in den pfeifenden Wind. Da erkennen sie tief unten im Tal einen langen, langen Zug von Reitern. Heinz Lüder reckt sich in die Bügel.

„Ich möchte wissen, wer da zur letzten Ruhe geleitet wird! Viele Ritter reiten voran. Ich erkenne die Fahnen der Grafen von Mansfeld. Und schau nur, das viele Volk dahinter! Starnfelser, wir müssen zur Seite reiten, der Zug kommt unseren Weg entlang."

Sie lenken ihre Pferde ein wenig in den Wald hinein, um den langen Trauerzug vorüber zu lassen.

Langsam windet er sich wie eine dunkle Schlange den Berg hinauf. Gleich hinter dem schwarzverhangenen Wagen reiten die jungen Grafen von Mansfeld und fünfundvierzig Ritter. Als der Zug fast vorbei ist, springt Heinz Lüder vom Pferd und hält einen aus dem Volk an.

„Wem gebt ihr da das letzte Geleit?"

Unter Tränen kommt schluchzend die Antwort:

„Das wißt Ihr nicht? – Dem Doktor Martinus Luther."

„Heiliger Gott! Erbarme dich unserer armen Christenheit! Habt Ihr es gehört, Starnfelser?"

Der Ritter von Starnfels hat den Helm vom Haupt genommen und preßt ihn schweratmend gegen die Brust.

„O du mein lieber Heiland! Dann gnade Gott unserem deutschen Land! Hat nicht der Doktor Martinus immer gefürchtet, daß der Glaubenskrieg losbricht, wenn er nicht mehr ist? Was wird mein guter Herr, unser Landgraf Philipp dazu sagen! Und Kurfürst Johann Friedrich von Sachsen! Sie werden untröstlich sein."

Immer wieder schüttelt der Starnfelser den grauen Kopf. Er kann es nicht fassen.

Heinz Lüder sieht schweigend dem ernsten Zug nach, der nun am Waldrand verschwindet. Ein Ahnen von schweren kommenden Zeiten steigt in ihm auf.

Über den evangelischen Landen tönt ein Glockenläuten ohne Ende.

*

Sie hatten einen weiten Weg gehabt, die Herren aus der Wetterau. Von Thüringen ritten sie über die Werra und Fulda bis zum Hessenland.

Es ist in den ersten Märztagen, als der Starnfelser und Heinz Lüder endlich vor den Toren der Stadt Ziegenhain ankommen. Der Abend beginnt sich schon zu neigen und ihre Kleider sind naß vom Regen, der mit Schnee vermischt in heftigen Schauern über die Erde fegt. Ein frohes Leuchten geht über das zerfurchte Gesicht des Stadtknechts, der ihnen hilfsbereit die knarrenden Torflügel öffnet.

„Endlich wieder im Hessenland, ihr Herren?

Die Ziegenhainer haben schon lange auf Euch gewartet, und erst recht unser Landgraf Philipp."

Sie reiten langsam durch das düstere Tor. Vor der Herberge „Zum geduldigen Lamm" machen sie halt. In der großen niedrigen Gaststube mit den dunklen Eichenbalken springt der Wirt aufhorchend vom Stuhl, als er das Pferdetrappeln vor seinem Haus hört.

„Bei der heiligen Jungfrau! Da kommen noch späte Gäste. Sankt Kilian wolle uns vor wildem und rohem Kriegsvolk bewahren!"

Da tritt Heinz Lüder schon über die Schwelle. Er hat die letzten Worte des dicken Wirtes gehört.

„Kriegsmänner sind wir zwar, Meister Gulbrant. Aber weder wild noch roh, wie wir hoffen. Wir sind rechtschaffen müde, denn wir haben einen langen Ritt hinter uns."

Der Wirt hält sein Käppchen in der Hand und verneigt sich tief.

„O, der Herr von Lüder selbst, wenn ich recht sehe. Dann wird auch der Starnfelser nicht weit sein. Wollt Ihr bitte in das Herrenstübchen eintreten. Ich will meiner Bärbel sagen, daß sie etwas Gutes auf den Tisch bringen soll."

Heinz Lüder geht mit wuchtigen Schritten durch die große Gaststube, hinüber zum kleinen Seiteneingang des Herrenstübchens, wo es ein wenig wohnlicher und behaglicher ausschaut. Talgkerzen brennen auf dem breiten sauberen Holztisch, im Kamin knistern die Eichenscheite. Die Wärme tut dem durchnäßten und durchfrorenen Reiter gut, denn sie sind Tag und Nacht geritten, von Osten her, und nur wenige Stunden aus dem Sattel gekommen.

Am Eichentisch, der direkt vor der warmen Ofenbank steht, sitzen noch zwei Gäste. Sie haben große Humpen Wein vor sich und scheinen in ein ernstes Gespräch vertieft zu sein. Als Heinz Lüder eintritt, schweigen sie plötzlich und werfen sich bedeutsame Blicke zu, so als wollten sie von einem Fremden nicht gehört werden. Heinz Lüder achtet weiter nicht auf sie. Er friert und wartet auf den heißen Würzwein, den er bestellt hat. Er geht auf und nieder, die Hände auf dem Rücken, den Kopf tief gesenkt. Das blonde Haar liegt ihm glatt an den Schläfen, das Gesicht ist schmal und ohne Bart. Die kühnen blauen Augen blitzen, als bräche eine helle Stichflamme aus verborgenen Tiefen empor. Heinz Lüder steht in den besten Mannesjahren, er ist ein tapferer Kriegsmann und hängt in Treue an seinem Herrn, dem Landgrafen Philipp von Hessen.

Im Nebenraum ertönen Schritte auf den groben Holzdielen. Der Ritter von Starnfels tritt über die Schwelle. Er sieht müde und erschöpft aus, denn er ist nicht mehr der Jüngste und das tagelange Reiten hat ihn angestrengt. Aber jetzt fliegt ein froher Schein über sein Gesicht, als er die beiden Männer am Tisch erkennt.

„Hei, das nenne ich ein gutes Zusammentreffen! Welcher Wind hat Euch beiden wackeren Kriegsleute so weit nach Norden in unser Hessenland geweht?"

Die beiden Fremden sind aufgesprungen und schütteln dem Starnfelser herzlich die Hände. Der wendet sich an Heinz Lüder:

„Seht, da treffen wir hier zwei Kriegsleute, die sehr viel Ruhm und Ansehen genießen, Heinz. Sebastian Schärtlin von Burtenbach befehligt ein Fähnlein der Augsburger, Ulmer und Reutlinger. Und hier der tapfere Hans von Heideck ist mir aus Württemberg wohl bekannt."

Die Herren rücken zusammen und machen den beiden Neuangekommenen Platz. Es sind wettergebräunte zernarbte Gestalten, denen man ansieht, daß sie sich im Sattel wohler fühlen als im Lehnstuhl. Schärtlin war schon weit über seine Landesgrenzen hinaus bekannt, und Heinz Lüder freut sich aufrichtig, mit diesem Mann an einem Tisch zu sitzen, der so tapfer für den evangelischen Glauben kämpfte.

Der Heideck hebt seinen Humpen und trinkt dem Starnfelser zu.

„Ihr kommt von Thüringen her, Ritter Ulrich. Was könnt Ihr von dort berichten? Ist es wahr, was viele sagen, daß der Doktor Martinus Luther in Eisleben erkrankt sei?"

Ritter Ulrich hebt ernst den Kopf und sagt schwer:

„Habt Ihr es denn noch nicht erfahren? Unsern Doktor Martinus hat Gott heimgerufen. Wir begegneten seinem Leichenzug, als man ihn nach Wittenberg überführte."

Schärtlin und Heideck fahren zusammen. Ihre Augen sind starr auf den Starnfelser gerichtet.

„Das kann nicht möglich sein! Das kann Gott uns und der neuen Lehre niemals antun wollen!"

„Es ist so wie ich sage. Und es wird ein großes Weinen und Wehklagen darum werden in allen deutschen Landen."

Schärtlin starrt kopfschüttelnd in seinen vollen Humpen. Er kann es nicht fassen. Heideck hat beide Fäuste auf den Tisch gelegt. Weit vornübergebeugt ist sein Oberkörper.

„Ich fürchte sehr, nun wird das Kriegswetter losbrechen, Ihr Herren! Denn der Kaiser hat schon lange darauf gewartet, einen neuen Reichstag zusammenzurufen. Um auch von uns Protestanten die Anerkennung des Trienter Konzils zu verlangen. Luthers Tod wird ihm ein willkommener Anlaß sein. Denn da Kursachsen, Hessen und viele andere evangelische Stände sich beharrlich geweigert haben, wird der Kaiser sich nun auf den Papst berufen und sich verpflichten, die alte Kirche mit Waffengewalt wieder herzustellen."

Da schlägt Schärtlin mit der Faust auf den Tisch, daß die Humpen tanzen:

„Bei Gott, das wird er nicht wagen! Denn die Macht der Protestanten ist schon sehr groß in seinem Reich. Und wir würden uns zu einem gewaltigen Bund zusammenschließen und für unsere protestantische Sache kämpfen."

Der Starnfelser schüttelt ernst den Kopf.

„So weit darf es niemals kommen! Hat unser Doktor Martinus nicht immer gesagt, wegen des reinen Gotteswortes dürfe kein Blut fliessen? Hat er nicht immer gebetet, daß es Gott in Gnaden geben möge, daß um der neuen Lehre willen in Deutschland kein Krieg entbrenne? Gott hat es gnädig gefügt und ihn nun abgerufen aus dieser bösen Welt."

Heinz Lüder sieht still in seinen zinnernen Becher, in dem der purpurne Würzwein dampft. Als die andern schweigen, meint er nachdenklich:

„Ich werde nie den Tag von Worms vergessen. Diesen warmen Frühlingstag im Jahre 1521. Als der Saal bis auf den letzten Platz gefüllt war von jener glanzvollen Versammlung, wie ich sie noch niemals sonst beisammen gesehen hatte: Der römische Kaiser, sechs Kurfürsten, achtundzwanzig Herzöge, elf Markgrafen, vierzig Reichsgrafen, dreißig Bischöfe. – Das ist nun fünfundzwanzig Jahre her, aber ich sehe alles noch vor mir, als wäre es heute geschehen. Ich war damals ein Bub von dreizehn Jahren, der draußen auf eine Säule geklettert war und durch ein schmales Fenster alles mit angesehen und gehört hatte. Nie, – niemals werde ich's vergessen, wie vor diese gewaltige Versammlung von Fürsten und höchsten Herren der demütige, todernste Mönch getreten war, das Haupt gesenkt, den Blick in sich gekehrt.

Auf einer Bank lagen seine Bücher. Der Kanzler von Kur, der des Kaisers Redner war, fragte ihn, ob das seine Schriften seien und ob er sie widerrufen wolle.

Da hat der Mönch groß und ernst seine Augen aufgeschlagen, in denen nichts von Furcht zu sehen war, und hat um Bedenkzeit gebeten. Einen Tag hat man ihm gewährt.

Am 18. April hat er dann in einer langen Rede geantwortet, – Wort für Wort habe ich vernommen auf meinem hohen Sitz."

Der Starnfelser hat beide Hände zusammengelegt. Seine tiefen ernsten Augen sehen in die Weite.

„Ich konnte damals auch dabeisein. Und ich werde es Gott ewig danken. Habe an der Tür des Bischofspalastes gestanden, neben dem alten Grafen von Freundsberg. Und gesehen, wie er dem jungen unerschrockenen Kämpfer auf die Schulter klopfte und sagte: ‚Mönch, du gehst jetzt einen Gang, desgleichen ich und mancher Obrist auch in der schwersten Schlacht nicht gegangen sind. Vertrittst du aber aufrichtig deine Meinung und bist deiner Sache gewiß, so gehe in Gottes Namen und sei getrost, Gott wird dich nicht verlassen!‘ Und dann hat der einfache Mönch gesprochen. Vor Kaiser und Reich. Vor allem was damals mächtig war und Gewalt hatte im Deutschen Land. Und seine starken, klaren, schlichten Worte wirkten wie Hammerschläge gegen den jahrhunderte alten Thron der Päpste zu Rom. Dieser junge, einfache Mönch hat zu sagen gewagt, was nie ein anderer sich vor ihm erkühnte: ‚Denn ich glaube weder dem Papst noch den Konzilien allein, weil offenbar ist, daß sie oft geirrt und sich selbst widersprochen haben.‘ Hatte man je in der Welt ein so tapferes, mutiges Wort gehört? Er wußte, daß es um Tod und Leben ging in jener Stunde. Aber ihm stand die Wahrheit höher als seine eigene Sicherheit. Bis in die Ewigkeit werde ich noch den stolzen Klang seiner Worte hören: ‚Ich kann nicht anders. Hier stehe ich. Gott helfe mir! Amen‘.“

Des Starnfelsers Stimme zittert. Eine Träne rinnt ihm langsam in den grauen Bart. So mächtig hat ihn die Vergangenheit und diese gewaltige Stunde wieder gepackt.

„Das sind nun fünfundzwanzig Jahre her," sagt er leise. „Aber ich habe nie wieder einen Menschen so geliebt wie den jungen Mönch von Worms. Nun ist er alt geworden, und wir mit ihm. Und Gott hat ihn abgerufen, ehe des Satans Macht in dieser Welt zu groß und böse ward. Nun wird es losbrechen von allen Seiten, wie er es befürchtet hatte. Wie oft hat er den Herrgott angefleht, daß er den Ausbruch des Krieges nicht erleben müßte!"

Schärtlin streicht sich die langen, dunklen Bartenden.

„Und hat damals schon im Bauernkrieg mit Trauer und Zorn gegen das Blutvergießen geeifert, als der Schwäbische Bund dreitausend Bauern in der Schlacht bei Böblingen besiegte."

Der Ritter von Starnfels nickt.

„Und hier im Hessenland hat unser Landgraf Philipp damals den Aufstand gedämpft. Ich höre ihn noch – hoch zu Roß in den Bügeln stehend – die Ansprache halten: ‚Wie kein Mensch kann die Sonne vom Himmel reißen, also werden auch die Bauern wider die geordnete Obrigkeit kein Glück haben. Ich rede nicht darum solches, daß ich mich als Fürst schmücke und der Bauern Sache arg mache, sondern es ist die ganze Wahrheit. Ich weiß wohl, daß wir oft sträflich sind, daß wir Menschen sind und uns oft vergreifen. Dennoch soll man darum nicht Aufruhr anrichten. Gott gebietet, die Obrigkeit zu ehren, auch wo sie vielleicht gefehlt hat'!"

Schwerfällig hat sich der Starnfelser von seinem Stuhl erhoben. Die Glieder sind ihm von dem langen beschwerlichen Ritt steif geworden.

Auch die drei anderen Männer sind bei seinen Worten aufgestanden. Aufrecht stehen sie nun am schweren Eichentisch, die blinkenden Humpen in der Rechten. Auf ihren zernarbten, vom Wetter gegerbten Gesichtern liegt tiefer Ernst, und ehrliche Begeisterung für ihren geliebten Landgrafen, den man den Großmütigen nannte. So trinken sie schweigend die vollen Humpen leer – auf sein Wohl. Rot springt der Schein der Kaminflammen über ihre großen und breiten Gestalten. Und es ist ein trutziger Klang in dem harten Niedersetzen der leeren Trinkgefäße. Der Wirt, der schon wartend hinter der Tür gestanden hat, kommt eilfertig herein, als er das aufschlagen der leeren Krüge hört.

Hans Heideck wischt sich die nassen Bartenden und klopft dem Wirt auf die Schultern.

„Nun Gulbrant, was gibt's Neues in Ziegenhain?"

Der Wirt reibt sich die Hände und zuckt die Achseln.

„Wüßte nichts Neues zu berichten, hoher Herr. Aber meine Bärbel hat die Eierfladen fertig gebacken und bringt sie Euch jetzt auf den Tisch. Die Herren werden hungrig sein vom weiten Ritt. Gott segne die Speise!“

„Dank, Meister Gulbrant. Ja, wir werden es uns gut schmecken lassen. Denn unterwegs haben wir nicht viel warmes zu Essen bekommen.“

Bärbel stellt die angewärmten Zinnteller auf den Eichentisch und die große Platte mit den Eierfladen in die Mitte. Dazu einen gewaltigen Laib Schwarzbrot, über das sie zuvor das Zeichen des heiligen Kreuzes gemacht hat. Meister Gulbrant füllt die Humpen von neuem, danach legt er noch etliche Eichenscheite auf die rote Ofenglut. Als er sieht, daß seine Gäste im Herrenstübchen wohl versorgt sind, geht er leise wieder hinaus und schließt die Tür.

Lange noch sitzen die vier Männer zusammen und reden über die ernsten und schweren Zeitläufe, in die Gott sie hineingestellt hat.

Der Starnfelser nickt ernst vor sich hin.

„Meine Tochter Wendula daheim auf dem Ulrichstein hat sich schon manchmal gefragt, warum wir wohl gerade in einer solch bösen und unguten Zeit leben. Wo die Menschen mit ihren verschiedenen Überzeugungen aneinander geraten sind, und nun sogar zum Schwert greifen.“

Heinz Lüder hebt die Arme und lacht.

„Gott sei gedankt, daß wir in solcher Zeit

leben, wo eines Mannes Faust gebraucht wird und noch etwas gilt! Ich möchte kein Kind einer Zeit sein, die nur den weichlichen Frieden kennt. Dem Schwert bin ich verfallen – mit dem Schwert sollt ihr mich auch einst begraben."

Schärtlin und Heideck nicken ihm zu.

„Dasselbe denken auch wir. Es lebe Mut und Tatkraft, wenn es um das Heiligste geht!"

Ulrich von Starnfels hat den grauen Kopf sinnend in die Hand gestützt.

„Gott stellt zur rechten Zeit die rechten Männer in ihres Vaterlandes Pflicht. Wer weiß, wozu Er uns noch alle ausersehen hat in dem bevorstehenden Kampf unseres Schmalkaldischen Bundes."

Hans von Heideck schüttelt den Kopf.

„Ich kann mir nicht denken, daß Kaiser Karl es soweit kommen läßt. Und wie bitter schwer wird es den protestantischen Fürsten werden, wenn sie gegen den eigenen Landesherrn die Waffen erheben müssen."

Schärtlin braust auf.

„Aber wenn es um den Glauben geht? Glaube steht höher als alle Fürsten dieser Welt."

Der bedächtige Starnfelser hebt beruhigend die Hand. Um seine Lippen liegt ein feines, gütiges Lächeln.

„Gemach, ihr Herren! Nur nicht immer gleich so hitzig und voll Feuer! Noch hat der

Kaiser unseren Glauben nicht verboten. Noch haben wir freie Ausübung unserer Religion. Warum Schlimmes befürchten von der Zukunft? Weil unser Doktor Martinus die Augen geschlossen hat? Nun liegt es um so mehr an uns, in seinem Sinne weiter zu wirken und dafür zu sorgen, daß Frieden im Land bleibe. Denn nie hat er mit seiner neuen Lehre, die eigentlich die wahre und uralte ist, – nie hat Doktor Martinus damit die Menschen aufeinanderhetzen wollen wie wilde Tiere. Und Gott wolle uns in Gnaden vor einem Krieg bewahren, wo Bruder gegen Bruder kämpfen müßte!“

„Es ist nach den ernsten Worten des Starnfelsers stille geworden im kleinen Herrenstübchen. Sie wissen nichts rechtes zu sagen darauf und starren nachdenklich in ihre Humpen. Knisternd brennen im Kamin die letzten Scheite herunter.

An die Fenster peitscht der Märzwind trommelnde Regentropfen. Über den engen Gassen des Städtchens liegt tiefe Nacht und fern hört man das Horn des Wächters, der seines Amtes waltet.

*

In einer rauhen und unwirtlichen Gegend, am Fuße des Vogelsgebirges, liegt die altersgraue, steile Burg Ulrichstein, die dem Starnfelser gehört. Hier lebt er mit seinem einzigen Kind, der jungen Wendula, die nach einjähriger Ehe bereits Witwe geworden war und nun ihrem Vater das Hauswesen führt.

Der Ulrichstein liegt einsam auf einem steilen Bergkegel, hoch über dem Städtchen gleichen Namens. Da die Burg Starnfels einst dem älteren Bruder zufiel, bekam Ulrich in jungen Jahren nach seines Vaters Tod den Ulrichstein.

Es ist ein heißer Julitag des Jahres 1546. Vier Monate sind erst verflossen, seit die vier Männer im Herrenstübchen in Ziegenhain beieinander gesessen waren. Und doch hat sich in diesen vier Monaten schon unendlich viel gewandelt im Deutschen Reich.

In der großen Halle der Burg Ulrichstein sitzt der Starnfelser mit seinen Gästen. Es sind hohe Herren, die heute bei ihm abgestiegen sind, und die junge Wendula hat das beste auftragen lassen, was Küche und Keller nur boten.

Landgraf Philipp, der Großmütige selber ist heute zu seinem treuen Gefolgsmann gekommen, um sich mit ihm zu beraten. Denn die ruhige und besonnene Art des alten Starnfelsers ist immer ein wohltuendes Gegengewicht gegen das feurige und aufbrausende Wesen des kühnen, lebhaften Landgrafen. Mit ihm zusammen sind noch etliche Grafen der Wetterau gekommen, so der Solms, der Isenburg und der Stollberg.

Der Starnfelser hat Wendula beiseite genommen, ehe sie nach dem Mahl in ihr Zimmer hinauf geht.

„Höre, mein Kind, laß jetzt keinen Fremden mehr herein in die Halle. Denn wir haben Ernstes und Gewichtiges zu beraten, das nur für protestantische Ohren bestimmt ist. Es geht jetzt um große Dinge draußen im Reich, da muß ein jeder wohl auf der Hut sein. Und sorge auch dafür, daß die Knappen auf dem Posten sind und der Wein in den Bechern nicht alle wird."

„Da sollst du unbekümmert sein, liebster Vater. Ich werde schon für alles sorgen. Auch soll Euch niemand bei Eurer Beratung stören."

Zärtlich streicht der Starnfelser über ihre blonden Haare, dann geht er zum Landgrafen und den anderen zurück, die schon auf ihn warten.

Wendula rafft ihr blaues Taftkleid, das sie beim Mahl in der Halle getragen hat, und steigt die wenigen Stufen der Wendeltreppe hoch, wo im breiten Turm ihr Zimmer liegt. Sie will das vornehme Kleid wechseln mit einem einfachen Hausgewand, denn sie hat noch unten in Küche und Keller zu tun und manches anzuordnen für den morgigen Tag.

Wendula ist erst vierundzwanzig Jahre alt und hat doch schon ein schweres, trauriges Frauenschicksal hinter sich. In sehr jungen Jahren schon war sie nach der Sitte der damaligen Zeit einem hessischen Ritter versprochen gewesen, dessen Sippe mit dem Starnfelser befreundet war. Sie war noch nicht achtzehn Jahre, als ihre Hochzeit auf dem Ulrichstein in großer Pracht gefeiert wurde. Auf einer Bärenjagd im Winter verunglückte ihr Gemahl, und die so junge Witwe kehrte zum Vater auf den Ulrichstein zurück. Nun lebten die beiden hier wieder wie früher, und Wendula's große Liebe gehörte fortan dem alten Starnfelser, dem drei Dinge von je her das Höchste in seinem Leben waren: sein Glauben, sein Vaterland und sein Kind.

Weil Wendula einst so früh dem Gatten versprochen worden war, noch ehe sie selber ihr Herz fragen oder wählen konnte, war ihre Seele dem viele Jahre älteren Mann immer ein wenig fremd geblieben, und sie hatte bei seinem plötzlichen Tod auch keine allzu große Trauer verspürt. Besonders da sie sah, wie der alte einsame Vater sie entbehrt und vermißt hatte. Auch hing sie mit allen Fasern ihres Herzens an dem trutzigen Ulrichstein, wo sie ja geboren und aufgewachsen war. Denn die Mutter hatte sie niemals gekannt, die war bald nach ihrer Geburt gestorben. So war ihr der Vater immer Ein und Alles gewesen, und auch der alte Starnfelser war im Stillen glücklich, seine Tochter bei und um sich zu haben.

An dies alles muß Wendula denken, als sie jetzt in ihrer runden Turmstube das Festkleid mit dem Hausgewand wechselt und die langen, blonden Zöpfe noch einmal flicht. Die schmalen, hohen Bogenfenster ihres Zimmers stehen weit offen, um die frische, würzige Luft hereinzulassen, die oben vom Vogelsgebirge her wie der reine Atem Gottes selber über die Höhenzüge und die Bergkegel weht.

Es war heute den ganzen Sommertag über schwül und drückend heiß gewesen, da hatte ein starkes Gewitter am Spätnachmittag die Luft gereinigt und mit einem erlösenden Regen der durstigen Erde Erquickung gebracht. Nun war das Wetter vorübergegangen, und nur eine dunkle Wolkenwand kündete im fernen Osten von dem grollenden abziehenden Sturm. Jetzt war Stille und eine unendliche Köstlichkeit überall. An Bäumen und Sträuchern hingen noch die schimmernden Tropfen, in denen der goldene Schein der Abendsonne sich funkelnd brach. Aber das Schönste war auf dem Hintergrund der dunklen, blauschwarzen Wetterwand ein wunderbar leuchtender Regenbogen, der in märchenhafter Zartheit die ganze Farbenskala Himmels und der Erde aufrollte wie ein schimmerndes Band. Dieser Regenbogen stand wie eine Brücke, die geradewegs hinaufführen wollte zum Herzen Gottes. Wie ein mächtiges Mahnwort des Schöpfers: ‚Meinen Bogen habe ich gesetzt in den Wolken!‘

Wendula steht ganz still und muß die Hände falten über so viel Schönheit. Der Regenbogen beschreibt einen so großen und gewaltigen Kreis im Osten, weil die Sonne schon tief steht.

Von den blauen Berghängen rings umher kommt ein leiser Wind, der rührt an die Wipfel der hohen Linden im Burghof, daß die diamantenen Tropfen, die noch zitternd an den Blättern hängen, lautlos zur Erde sinken. Und auch die dunkle Wolkenwand wird leise und allmählich vom Wind weitergeschoben. Da erlischt der siebenfarbige Brückenbogen, der Himmel und Erde verbinden wollte mit seinem überirdischen Licht.

Durch diesen Abendfrieden tönt plötzlich das dumpfe Horn des Turmwächters.

Wendula fährt zusammen, und ihre wandernden Gedanken kehren eilend in die Wirklichkeit zurück. Kommt da ein Fremder? Und hat der Vater nicht gesagt, daß sie heute Abend ungestört bleiben wollen? Denn es soll nicht bekannt werden, daß Landgraf Philipp hier mit seinen Getreuen auf dem einsamen Ulrichstein einen geheimen Rat abhält. Da muß sie schnell hinunter und dem Wächter Bescheid geben, daß er niemand in den Burghof läßt. Wendula schließt den letzten Haken an ihrem schlichten, grauen Hauskleid und eilt die Treppe hinunter, dem Tore zu.

Die Sonne ist mittlerweile untergegangen, die alten Linden im Burghof werfen dunkle Schatten. Da hört sie das Knarren der Zugbrücke und sieht einen einsamen Reiter über die Bohlen traben.

Sie zürnt mit sich selber, daß sie zu spät gekommen ist und will schnell einen Knappen schicken, daß er den Fremden nach seinen Wünschen frage. Aber da springt der Reiter auch schon aus dem Sattel und wirft dem hinzueilenden Roßknecht die Zügel hin. Es ist eine große, wuchtige Gestalt mit einem schmalen, herrischen Gesicht, soviel sie bei dem dämmernden Tageslicht noch erkennen kann.

Sie tritt mutig vor ihn hin, die Stirn gefurcht.

„Was wünscht Ihr zu so später Stunde noch?"

Er sieht sie flüchtig an. In seinem kantigen Gesicht sind alle Muskeln gespannt. Erregung steht wie ein blaues Feuer tief in seinen Augen. Es ist etwas in seinem Auftreten, als könnte ihn niemand in der ganzen Welt an dem hindern, was er sich vorgenommen hat. Als würde es ihm ein Leichtes sein, auch diese Frau einfach aus seinem Wege zu schieben.

„Ich will nur zum Starnfelser. Macht mir Platz."

Er sagt es kurz und herrisch, denn Wendula

hat sich hoch aufgerichtet, und in ihrem jungen Gesicht ist ein kühles Abweisen.

„Zum Starnfelser darf heute niemand mehr hinauf! Er hat es selber so befohlen."

Der Fremde lacht auf. Klingender Spott ist in seinem Lachen.

„Seit wann führen auf dem Ulrichstein die Weiber das Regiment? Oder ist es nicht überall Sitte, daß Knappen oder Knechte den Befehl ihres Herrn überbringen?"

Flammendes Rot schlägt in Wendulas feines Gesicht.

„Auch hier ist es sonst so Sitte gewesen. Aber schwere, harte Zeiten ändern vieles. Und ich richte nur aus, was Ritter Ulrich mir selber aufgetragen hat."

Die Stimme des Fremden wird ein wenig milder.

„So ist er doch nicht krank? Ich sehe Fackeln oben im Saal. Gebt mir den Weg frei!"

Wendula atmet schwer. Sie weiß nicht, was sie tun soll. Sie darf des Vaters Gebot nicht übertreten. Es gibt überall heimliche Feinde und Kundschafter. Sie hebt den blonden Kopf.

„Ich will den Starnfelser fragen. Wer seid Ihr?"

Ihn packt ein Zorn.

„Bei Gott, ich hab' das Warten satt! Bin den ganzen Tag geritten, um noch vor Nacht beim Landgrafen zu sein. Meine Botschaft duldet keinen Aufschub mehr."

Er geht eng an ihr vorüber auf die hölzerne Treppe zu. Wuchtig tönt sein Schritt auf den knarrenden Stufen. Sie sieht ihn im Dunkel des Burgeingangs verschwinden.

Da packt sie eine jähe Angst. Wer ist dieser Mensch und was will er vom Starnfelser? Warum sagt er seinen Namen nicht? Kann denen da oben Unheil erwachsen aus seinem eigenmächtigen Tun? Wo der Krieg vor der Tür steht und die Getreuen in ernster Beratung um ihren Landgrafen versammelt sind? Sie hetzt dem Fremden nach.

Das laute Sprechen der Männer und der Fackelschein aus der Halle hat ihm den Weg gewiesen. Dicht an der schweren Eichentür bekommt sie seine Jacke zu fassen.

„Bei Gott, wer seid Ihr?"

Er hat den Türgriff schon in der Hand. Jetzt wendet er halb den Kopf.

„Ich bin des Landgrafen Philipp's Obrist, Heinz Lüder."

Sie schüttelt ängstlich den Kopf.

„Das kann mir jeder sagen. Laßt mich erst hinein, daß ich den Vater frage!"

Er stutzt sekundenlang.

„So seid Ihr des Starnfelsers Tochter?"

Sie nickt.

„Ich bin Wendula, sein einziges Kind."

Er zuckt die Achseln.

„Das kann ein jeder sagen!"

Reißt die Tür auf und tritt in den Saal. Am schweren, dunklen Eichentisch sitzen die Herren, die silbernen Humpen vor sich.

Sie heben alle die Köpfe, als der Eindringling so plötzlich mit klirrenden Sporen in die Halle tritt. Der hat die Pickelhaube vom blonden Kopf gerissen.

Vor Landgraf Philipp, der am Ende des Tisches sitzt, steht er stramm.

„Der Krieg ist da, Ihr Herren. Der Kaiser hat heute den Kurfürsten Johann Friedrich von Sachsen und unseren Landgrafen Philipp von Hessen samt allen ihren Angehörigen als Rebellen in die Reichsacht erklärt!“

Schwer wie Hammerschläge fallen seine Worte in die tiefe Stille des großen Saales, an dessen Wänden rings die Fackeln brennen.

Wie Fanfaren sind diese Worte, die das grausame Lied vom Krieg hinausschmettern aus der tiefen Einsamkeit der Burg Ulrichstein über das ganze Hessenland und über alle Deutschen Lande weiter. Alle die ernsten sturmerprobten Männergesichter sehen hinüber zum Landgrafen. Der hebt den Kopf. Hebt ihn hoch und kühn, und in seinen Augen brennt ein blitzendes Feuer.

„Hab Dank, mein Heinz Lüder! Ich habe es lange geahnt. Schon vorigen Monat, als der Kaiser ausschreiben ließ, daß er etliche Störer des allgemeinen Friedens, welche unter dem

Vorwand der Religion das kaiserliche Ansehen verachteten, mit den Waffen zum Gehorsam bringen werde. Er hat unser heiliges Wollen nicht verstanden. Er heißt uns Rebellen, und wir sind ihm genauso treue Untertanen wie alle anderen deutschen Fürsten. Es ist uns ja nur um die reine Lehre zu tun. Um nichts weiter. Warum will er denn die alte Kirche durchaus mit Waffengewalt wieder herstellen? Gott ist unser Zeuge, daß wir es nicht sind, die den Krieg wollen, sondern er selber."

Landgraf Philipp fährt sich mit der Hand durchs Haar und seufzt. Er nickt dem Obristen zu, der immer noch steil vor ihm steht.

„Setzt Euch, Heinz Lüder. Ihr habt einen guten Tropfen verdient. Woher wußtet Ihr, daß ich auf dem Ulrichstein bin? Ich ritt heimlich und verkleidet fort."

Es ist fast wie ein Lächeln, das über das herbe Gesicht des jungen Obristen zucken will. Ein Lächeln, in dem eine große Zärtlichkeit liegt und eine tiefe Treue.

Er sagt schlicht: „Heinz Lüder weiß zu jeder Tages- und Nachtstunde, wo sein Landgraf ist. Es wird auch nie einen Weg geben, der zu weit wäre, um meinen Herrn zu finden."

Er sieht an sich herunter.

„Doch bevor ich mich mit an Euren gastlichen Tisch setze, Ulrich Starnfels, möchte ich mich erst ein wenig säubern. Der weite Ritt war voll Schweiß und Staub, bevor das kühlende Wetter mit seinem Regenschauer kam."

Sie sehen jetzt erst, wie sehr Heinz Lüders Jacke und Lederhosen beschmutzt sind, wie das blonde Haar an den Schläfen klebt und dunkle Schatten unter den Augen liegen, vom Staub der Straße und von den durchwachten Nächten.

Wendula, die die ganze Zeit an der offenen Tür gestanden und mit Staunen den Worten im Saal gelauscht hat, winkt einem der diensthabenden Knappen.

„Führe den Obristen in den Westflügel der Burg, wo die Gaststuben liegen. Ich komme gleich mit der Magd, die Wasser und Tücher bringen wird."

Der Knappe entzündet eine Kerze und führt den müden Reiter über dunkle Treppen und schmale und winkelige Gänge in sein Gastzimmer.

Wendula muß sich immernoch wundern über die Herbheit und Grobheit dieses Obristen Lüder. Sie hatte ihn nie zuvor kennengelernt, obwohl er öfters schon zusammen mit dem Vater geritten und auf der Jagd gewesen war. Sie wußte nur, daß der alte Starnfelser große Stücke auf ihn hielt und ihm volles Vertrauen schenkte.

Das Geschlecht der Lüder war einst auch im Hessenland ansässig gewesen. Ihre Burg lag nahe des Ufers eines wilden, reißenden Flüsschens gleichen Namens, das vom Vogelsberg kommt, und in die Fulda mündet. Von dieser Burg war aber nicht mehr viel übrig geblieben.

Dieser Heinz, – das wußte sie vom Vater her, war von Jugend auf zum Kriegsmann erzogen worden und hatte ein einsames, unstetes Leben geführt. Er war noch nicht vierzig Jahre alt, und doch manchem Älteren an Kampfesmut und Ausdauer bei weitem überlegen.

Es ist noch keine halbe Stunde vergangen, als sich Heinz Lüder zu den anderen Rittern an den langen, schweren Eichentisch im Saal setzt. Sie sprechen von dem, was ihnen allen bevorsteht.

„Wie wird es mit Moritz von Sachsen werden und den Kurfürsten von Brandenburg und der Pfalz? Werden sie auf unserer Seite stehen?"

Der Starnfelser fragt es ernst. Besorgnis ist in seinem edlen, gütigen Gesicht. Landgraf Philipp wiegt nachdenklich den Kopf.

„Es wird uns schwer fallen, als Schmalkaldische Bundesglieder gegen den Kaiser zu kämpfen. Denn wir sollten doch nie die Waffen gegen die Obrigkeit kehren."

Graf Solms beugt sich weit vor. Seine Stimme übertönt die anderen:

„Die Rechtsgelehrten haben ja behauptet, wir deutschen Fürsten seien eigentlich nicht Untertanen des Kaisers, sondern dieser nur der Erste unter Gleichen. Vielmehr seien die deutschen Fürsten anerkannte Landesherren in ihren Gebieten. Und als solche haben sie das

Recht und die heilige Pflicht, ihren Untertanen den wahren Glauben zu erhalten, und ihn selbst mit dem Schwert zu schützen."

Der Isenburger nickt.

„Wer uns den Glauben nehmen will, muß alle Folgen selber tragen."

Der Starnfelser hat den grauen Kopf schwer in die Hand gestützt.

„Aber wir werden viele Gewissensbisse bekommen. Und wir werden – die wir einst treue Untertanen unseres Kaisers waren – in bösen Zwiespalt geraten ob unseres Glaubens. Aber ich meine immer, man soll Gott mehr gehorchen als den Menschen. Und wieder umkehren zur katholischen Kirche, wo wir gesehen und erkannt haben, was für bittere Fehler sie im Laufe der Jahrhunderte gemacht hat, – wie ein altes Gewand, das voller Flecken ward, – das kann und darf niemand mehr von uns verlangen, – auch der Kaiser nicht, und nicht der Papst in Rom. Denn wir haben die neue Lehre kennengelernt, – rein und unverfälscht ist wieder das Wort Gottes zu uns gedrungen, – da wäre es Verrat am Heiligsten, wenn wir ängstlich von uns würfen, was allein unsere Seelen wieder froh und still machen kann. Wir treten für unseren Glauben ein, – immer und überall! Und wenn es sein muß, selbst mit dem Schwert!"

Zustimmend nicken sie alle ernst mit den Köpfen. Nur der Stollberger sagt sorgenvoll:

„Aber wir müssen auch mit den grausamen spanischen Heerscharen rechnen, die uns Kaiser Karl in unsere deutschen Lande hetzen wird!"

Da lacht Heinz Lüder.

„Die hetzen wir auch wieder hinaus, Stollberger, dessen seid gewiß!"

Landgraf Philipp nickt.

„Der Meinung bin ich auch. Denn wir haben doch schon ein stattliches Heer von fünfzigtausend Mann beisammen. Die oberdeutschen Städte Augsburg, Ulm und Reutlingen haben viele Fähnlein gestellt, die Schärtlin von Burtenbach anführt. Hans Heideck steht an der Spitze der Württemberger. Selbst Kurfürst Johann Friedrich ist gerüstet und hat das Land in seiner Abwesenheit seinem Vetter Moritz zum Schutz anvertraut. Der Kurfürst von Sachsen und ich haben, um den drohenden Krieg abzuwenden, nochmals ein ehrerbietiges und ernstes Schreiben an den Kaiser gerichtet, in dem wir die Beschuldigung des Ungehorsams von uns abweisen und ihm noch einmal die wahre Sachlage vorhalten. Nämlich, daß er nur auf Drängen und im Dienste des Papstes darauf aus sei, die wahre, neue Religion auszurotten, weshalb die Schuld alles Unheils, das über Deutschland kommen könne, auf seine Seele falle. Und heute bringt uns Heinz Lüder den Bescheid auf diesen Brief: die Reichsacht!! – Damit ist der Würfel gefallen. Aber wir fürchten uns nicht.

Hat unser Doktor Martinus Luther nicht immer wieder gepredigt: ‚Furcht tut nichts gutes! Sondern wir sollen frei und mutig in allen Dingen sein!'
Ihm wollen wir Ehre machen und den Weg, den er uns gebahnt hat, mutig weitergehen."

Landgraf Philipp erhebt sich von seinem Stuhl. Hoch und groß steht er oben am Tisch.

„Und nun, ihr Herren, wollen wir noch einmal zusammen, ehe wir in dieser Nacht auseinandergehen, unseres Luthers herrliches Trutzlied singen."

Sie erheben sich alle von ihren Stühlen und falten die rauhen, gebräunten Hände. Gewaltig klingt es hinaus in die träumende Sommernacht:

> Ein feste Burg ist unser Gott,
> Ein gute Wehr und Waffen!
> Er hilft uns frei aus aller Not,
> Die uns jetzt hat betroffen.
> Der alt böse Feind
> Mit Ernst er's jetzt meint,
> Groß Macht und viel List,
> Sein grausam Rüstung ist,
> Auf Erden ist nicht seinsgleichen!

Machtvoll erklingen die rauhen Männerstimmen, daß es wie Orgelton und Glockenklang durch den weiten Saal braust.

Und die kraftvollen Lutherworte legen sich

wie schützende Panzer um alle Herzen, die, noch zaghaft und ängstlich, einen Ausweg suchen wollen. So wie diese Liedverse es auch heute noch tun in alter Kraft nach hunderten von Jahren.

Wendula, die in ihrer Kammer am Spinnrad sitzt, hebt lauschend den blonden Kopf. Dann läßt sie die Arbeit ruhen und faltet auch die Hände. Und leise singen ihre Lippen das Lutherlied bis zum Ende mit.

*

Es ist sehr früh am nächsten Morgen. Die Sonne steigt eben in goldener Pracht empor über den blauen Höhenzügen der fernen Bergketten. Überall in den Tälern dampft es, und weiße Nebelschwaden hängen in den Tiefen und Schluchten wie vergessene Schleier aufgeschreckter Nachtgeister. Die Zinnen der Burg Ulrichstein sind in lauter Gold getaucht, und golden flutet es auch durch die weitgeöffneten, hohen Spitzbogenfenster der Halle. Mit großen Besen sind die Mägde dabei, den Estrich zu säubern und die zinnernen Humpen auf der Anrichte wieder blank zu putzen. Dann decken sie frische, weiße Leintücher über den Eichentisch und richten die Schüsseln und Teller zum Frühstück.

Wendula ist mitten unter ihnen und ordnet alles bestens. Denn, da Landgraf Philipp immer noch ihr Gast ist, will sie ihm als gute Hausfrau auf dem Ulrichstein auch mit ihrem Frühstück Ehre einlegen. Sie ist es gewohnt, zeitig aufzustehen und überall nach dem Rechten zu sehen. Eben hat sie aus dem Burggarten einen Strauß blühender Heckenrosen geholt, auf deren Blütenblättern noch der blinkende Morgentau zittert. Sie stellt sie in einem bunten Krug mitten auf den großen Eichentisch, gerade dort, wo die goldenen Sonnenstrahlen einen leuchtenden Ring bilden. Nun ist alles bereit, die Herren können zum Frühstück kommen. Aber sie werden noch müde sein, denn es ist gestern abend spät geworden über das lange Verhandeln und Beraten.

Die Mägde sind mit ihren Besen und Eimern wieder abgezogen, und der Saal liegt still und verlassen im Licht der Morgensonne.

Ein Julitag in wunderbarer Reinheit steigt über die Bergkuppen, die immer freier werden vom Nebel.

Da hört Wendula einen Schritt auf der knarrenden Treppe. Ob das schon der Vater ist? Sie steckt den blonden Kopf durch die angelehnte Tür und sieht hinaus.

Es ist der Obrist Heinz Lüder, der gerade im Begriff steht, nach unten zu gehen. Sie weiß nicht, ob sie ihn ansprechen soll, denn sie hat ein wenig Angst vor seiner barschen, groben Art.

Als er an ihr vorüber kommt und sie grüßt, meint sie freundlich:

„Bitte, nehmt vor Eurem Abritt erst noch ein Frühstück ein, Herr Obrist. Ich habe schon alles bereitgestellt, damit Ihr nicht zu warten braucht."

Er sieht flüchtig zu ihr hinüber. Dann schüttelt er den Kopf.

„Habe keine Zeit mehr dazu. Wollte mit dem Morgengrauen schon aufbrechen und nach Ziegenhain hinüberreiten. Gebt mir ein Stück Brot als Wegzehrung, mehr brauche ich nicht."

Wendula nickt eifrig.

„Ich schneide Euch Schwarzbrot und Speck. Geduldet Euch einen Augenblick. Ich habe alles hier auf dem Tisch."

Sie eilt in den Saal zurück und greift nach dem Messer.

Heinz Lüder ist unschlüssig stehengeblieben. Er lehnt am Türpfosten und weiß nicht recht, ob er eintreten soll oder nicht. In großem Verwundern gehen seine Augen durch den sauberen, sonnendurchfluteten Raum. Wo Zinn und Silber auf der eichenen Anrichte blinken und das schneeweiße Tischtuch auf der langen Tafel so einladend winkt. Zum ersten Mal gibt er sich auch die Mühe, Wendula ein wenig genauer anzusehen. Ihr helles blaues Hauskleid und die weizenblonden Haare passen gut in diesen sonnigen Raum. Dazu die blühenden Wildrosen mitten auf dem Tisch und die schlanken, weißen Finger, die die duftenden Scheiben vom schweren Schwarzbrot schneiden. Heinz Lüder überkommt es wie ein Erinnern ferner, ferner Kinderzeiten. Und ein Gefühl lange entbehrten Behagens und Betreutseins umschmeichelt seine Seele. Er atmet tief. Dann kommt er zögernd vollends herein in den Saal und schließt die Tür hinter sich. Und meint ein wenig verlegen:

„Wenn ich dem Rappen nachher die Sporen gebe, hole ich die versäumte Zeit wieder ein. Will mich doch noch ein Weilchen zu Euch setzen, Wendula, denn es hat mir lange schon keine Frauenhand mehr ein Frühstück bereitet."

Des Starnfelsers Tochter sieht erstaunt auf, denn ein wenig Zorn von gestern über sein wildes Gebaren ist noch immer in ihr. Aber er ist der Gast ihres Vaters, und so sagt sie freundlich:

„Das ist recht, Herr Obrist. Soviel Zeit muß der Mensch auch haben, um ein wenig für seinen Leib zu sorgen. Und Ihr werdet viel Kraft brauchen in den kommenden Wochen."

Er setzt sich an das unterste Ende des Tisches und sie legt ihm alles vor. Einen Augenblick ist er still, als dächte er nach. Dann stößt er jäh hervor:

„Ihr werdet mir böse sein, wegen gestern, Wendula. Aber ich wußte nicht, wer Ihr wart. Auch hatte ich große Eile mit meiner Botschaft."

Sie nickt.

„Das habe ich mir schon gedacht. Es war ja

auch nur, weil der Vater mir verboten hatte, einen Fremden hereinzulassen."

Er lächelt.

„Und ich konnte nicht wissen, daß des Starnfelsers Tochter in der Abendstunde fremde Reiter von der Zugbrücke weist."

„Es war wohl alles etwas eilig und unüberlegt", nickt sie. „Wir wollen unseren Zorn und Groll von gestern wieder vergessen."

„Ach ja!" sagt er aus tiefster Seele, lehnt sich ein wenig in den Stuhl zurück und streckt die Beine mit den schweren Reiterstiefeln weit unter den Tisch. Eine große Behaglichkeit und Ruhe ist über ihn gekommen. So wie er sie lange nicht mehr empfunden hat. Er sieht die blonde Frau am Tisch hantieren, von Sonnenlicht umflutet, und er muß an seine Mutter denken, die ihn auch einst so umsorgt hat.

„Ihr seid wohl immer unterwegs und auf dem Pferderücken", lächelt Wendula und setzt sich ihm gegenüber. „Der Vater hat mir von Euch erzählt, als Ihr damals zusammen den weiten Ritt von Eisleben nach Ziegenhain gemacht habt. Meint auch Ihr, daß wir nun Krieg bekommen werden?"

Er streicht sich mit seiner gebräunten Hand über die hohe, kühne Stirn. In seinen blauen Augen ist ein frohes Aufblitzen.

„Gewiß werden wir Krieg bekommen, Wendula. Und ich hoffe, daß unsere Schmalkaldischen Bundesglieder recht schnell und bald angreifen werden. Denn die Zeit ist jetzt günstig für uns. Weil der Kaiser mit allzu schwachen Streitkräften noch bei Regensburg steht. Er wartet erst auf den Zuzug weiterer Truppen aus Ungarn, Italien und den Niederlanden. Es wird uns ein Leichtes sein, ihn jetzt zu besiegen."

Sie sieht traurig vor sich hin.

„Krieg ist so furchtbar, Herr Obrist. Ich meine, er kann doch niemals gottgewollt sein. Denkt doch nur, wieviel grausames Elend er über die Menschen bringt! Und wenn gar noch feindliche Heere in unsere Heimat einfallen und alles zerstören, was uns lieb und teuer ist!"

Sie schaudert.

„Seht den strahlenden Julitag, wie alles auf den Feldern zu reifen beginnt. Was der Bauer in treuer Arbeit Tag für Tag mühsam geschaffen hat, soll der Krieg mit einem Schlag vernichten und auf lange Zeit zerstören? Ich meine, da müßten edle und besonnene Männer vielmehr miteinander verhandeln, wie solches Unheil zu vermeiden ist."

Er zuckt die Achseln.

„Macht geht vor Recht. Und da der Kaiser die Macht hat, meint er, uns beugen und knechten zu können. Meint er, uns zwingen zu können, daß wir in stumpfsinnigem Gehorsam wieder die alten päpstlichen Litaneien nachbeten. Mein Landgraf Philipp ist überzeugt, daß er für die

Wahrheit einstehen muß, seit Luther ihm die Augen dafür geöffnet hat. So sollte ein jeder frei tun dürfen nach seinem Willen und seiner Überzeugung. Mich aber kümmert es wenig, ob einer Protestant ist oder Katholik. Ich glaube weder an Gott noch an den Teufel. Ich glaube nur an mich selber und an mein Schwert!"

Erschrocken starrt Wendula ihn an.

„Das sind frevelhafte Worte, die Ihr da eben gesprochen habt, Herr Obrist. Der barmherzige Gott sei Eurer armen Seele gnädig! Aber Ihr wißt wohl selber nicht, was Ihr sprecht. Warum denn kämpft Ihr um die evangelische Sache, wenn es Euch so einerlei ist?"

Er sieht sie ernst an.

„Ich kämpfe nicht um das alles, worüber die Priester sich zanken und streiten. Worüber sie Bücher schreiben und Reden führen und Reichstage halten. Das erscheint mir alles so erbärmlich klein und gering. Weil immer die Habgier, die Falschheit und der Neid, – vor allem aber die Herrschsucht – mit bösem Grinsen zwischen ihren scheinheiligen Gebärden hindurchschimmert. Bei den einen und bei den anderen. Im Lager hüben und drüben."

Fassungslos schüttelt Wendula den Kopf.

„Ja, aber warum kämpft Ihr denn?"

Da schiebt der Reitersmann seinen Stuhl zurück. Steht steil am Tisch, auf den er beide Fäuste stemmt.

„Das will ich Euch sagen, Wendula, warum ich kämpfe. Ich kämpfe für die Heimat, daß keine feindliche Macht sie zerstören möge. Ich kämpfe als getreuer Lehensmann für meinen Landgrafen Philipp von Hessen. Wohin er mich führt, dahin gehe ich. Wohin er mich stellt, da stehe ich oder falle.“

Sie sieht scheu zu ihm auf, der da so groß und ernst vor ihr steht.

„Und der Glaube ist Euch ganz einerlei?“

Sie fragt es leise und bekümmert.

Er nickt.

„Ganz einerlei! Wenn mein Landgraf morgen katholisch wird, dann werde ich es auch. Aber was soll uns all dies den hellen Sommertag betrüben? Ich muß jetzt reiten. Habt Dank für alles!“

Er ist um den Tisch herumgegangen und streckt ihr die Rechte hin. Wendula hat sich erhoben und steht nun vor ihm, fast um einen Kopf kleiner als er.

„Lebt wohl, Herr Obrist. Ihr werdet einen schönen Ritt haben, an diesem sonnigen Tag.“

„Verteufelt heiß wird es werden, und Durst wird man bekommen. Aber das ist man gewohnt als Reitersmann.“

Sie möchte noch etwas sagen, aber sie kann das rechte Wort nicht finden. Sie sieht ihm nach, wie er stolz und aufrecht durch die Halle schreitet. Und es ist ein Bangen in ihr, das sie sich nicht erklären kann. Ist es darum, weil er gesagt hat, daß er weder an Gott noch an den Teufel glaube?

Unten im Burghof hört sie ihn klirrend über das Pflaster gehen. Hört ihn mit herrischer Stimme nach dem Pferdeknecht rufen. Und dann verklingt der Hufschlag seines Rappen auf den Bohlen der Zugbrücke, – auf dem steinigen Steilweg, der von der Burg herab führt, – in der blaudunstigen Ferne des sonnendurchzitterten Julitages.

*

Als im Laufe des Tages die Gäste den Ulrichstein wieder verlassen, hat Wendula alle Hände voll zu tun, um die Gaststuben wieder in Ordnung zu bringen und Betten und Decken in der warmen Sonne zu lüften.

Am Abend sitzt sie noch ein Stündchen mit dem alten Starnfelser im Burggarten an der Mauer, wie es an warmen Sommertagen immer ihre Gewohnheit ist. Sie sitzen dann still nebeneinander auf der alten Holzbank unter der Linde, während auch im Burghof das Gesinde Feierabend macht. Sie reden dann von diesem und jenem, von alten und kommenden Zeiten. So auch heute. Wendula ist ein wenig müde von dem vielen Schaffen den ganzen Tag über. Sie hat den blonden Kopf gegen den Lindenstamm gelehnt und die Hände im Schoß gefaltet. Verträumt sieht sie hinauf in den dunkler werdenden Abendhimmel, an dem die Sterne groß und leuchtend aus der Tiefe steigen. Es ist ein unendlicher Frieden überall. Das Lied der Vögel ist verstummt, nur die Linde rührt kaum merklich ihre Blätter. Das süße Duften der Rosen weht wie ein vergessenes Lied über den kleinen lauschigen Garten.

„Erzähl mir von Heinz Lüder", bittet Wendula den Vater, der wie sie gedankenverloren in die Sterne schaut.

„Was ich von ihm weiß, will ich Dir gerne erzählen. Aber es ist nicht viel. Er ist schon jung verwaist und von fremden Menschen aufgezogen worden. Er ist schon früh ein Kriegsmann geworden und weiß nicht viel von höfischen Sitten. Aber in der Treue zu seinem Landgrafen ist er für jeden ein Vorbild. Ebenso in Mut und Tapferkeit. Er weiß nichts vom Vorteil für sich selbst oder von weichlichem Behagen. Seine Söldner fürchten ihn, denn so streng er gegen sich selbst ist, so ist er es auch gegen andere. Mir ist er ein treuer und anhänglicher Freund geworden, seit ich ihn kenne. Wenn er auch bedeutend jünger ist als ich, denn er könnte mein Sohn sein."

Wendula nickt vor sich hin.

„Du wunderst Dich vielleicht, warum ich Dich nach ihm frage, Vater. Aber ich muß so viel nachdenken über ihn, seit er mir sagte, daß er weder an Gott noch an den Teufel glaube, sondern nur an sich und sein Schwert."

„Hat er das gesagt? Es sieht ihm ähnlich. Aber dennoch bin ich nicht bange um ihn. Und ich glaube, unserem Herrgott sind solche Menschen lieber, als die, die zu jeder Zeit seinen Namen im Munde führen und doch nicht danach tun. Vielleicht ist er Gott näher als er es selber weiß und denkt. Niemand kann Gott aus den Händen laufen. Und einmal fühlt er diese Hände doch, – früher oder später. Wir wollen ihn einschließen in unser Gebet, mein Kind. Vielleicht hat er niemand, der für ihn betet. Die Kriegswirren haben ihn einmal hierhin und einmal dahin getrieben. Da wurden Leib und Seele heimatlos. Aber wir müssen hineingehen, Wendula. Der Abend wird zu kühl."

Langsam erhebt sich der Starnfelser von der Bank unter der Linde. Gemeinsam gehen sie den schmalen Gartenweg der Pforte zu. Über dem Vogelsgebirge fällt eine Sternschnuppe. Stärker duften die Rosen am Felsenhang und die weißen Lilien.

*

Dicht über dem Wasser der Donau liegen graue Herbstnebel. Sie haben auch die Türme von Ingolstadt eingehüllt und die endlosen Zeltreihen des kaiserlichen Heerlagers. Hier, unter dem Schutz der Kanonen der Festung, lagert Kaiser Karl und wartet auf Verstärkung durch die Niederländer, die im Anmarsch sind. Der Papst hat ihm schon zehntausend Mann gesandt, denn er sieht diesen Feldzug als einen heiligen Kreuzzug gegen die Kätzer an und hat allen Kreuzfahrern Ablaß von allen Sünden erteilt.

Von Norden her, nur wenige Meilen entfernt, kommen die verbündeten Protestanten. Sie ziehen langsam und unsicher, – es will den deutschen Fürsten nicht in den Sinn, gegen den eigenen deutschen Kaiser zu kämpfen. Und sie können sich deshalb nicht zu einem Sturmangriff gegen das kaiserliche Lager und Ingolstadt entschließen. So haben die Protestanten auch heute wieder ihre Zelte fern am Waldrand aufgeschlagen, Späher voraussendend, die die Stellung der Kaiserlichen erkunden sollen. Noch liegt der Septembernebel dicht über der ganzen Donauniederung. Noch kann man die hohen Türme von Ingolstadt nicht erkennen in der dunstigen Ferne.

Vor dem Zelt des Landgrafen Philipp von Hessen geht der Feldhauptmann Schärtlin von Burtenbach mit grimmigem Angesicht auf und ab. Neben ihm der Kurfürst von Sachsen, der ob seiner Beleibtheit nicht immer Schritt halten kann.

Schärtlin fährt mit der Hand durch die Luft, als führe er einen sausenden Schwerthieb aus. In seinem Gesicht stehen Zorn und Kummer.

„Und ich sage es heute zum letzten Mal, daß wir handeln müssen, Euer Kurfürstliche Gnaden. Zuviel kostbare Zeit ist schon verloren mit dem Hin- und Herziehen, mit kleinlichen Streitereien aller unserer Führer. Wir hätten einen leichten Sieg haben können, hätten wir sofort angegriffen. Nun wird's von Tag zu Tag schwerer, denn der Kaiser bekommt von allen Seiten Hilfe!"

Aus dem Zelt des Landgrafen tritt der Obrist Heinz Lüder. Er trägt den Arm in der Binde. Sein Gesicht ist fahl. Ein Streifschuß hat ihn vor etlichen Tagen verwundet, als er vor den Toren von Ingolstadt die Stärke des feindlichen Heeres erkunden wollte.

Er verneigt sich vor dem Kurfürsten.

„Landgraf Philipp bittet die Herren in sein Zelt."

Es sind drinnen noch etliche Führer versammelt. Einer widerspricht dem anderen. Der feurige Philipp von Hessen ist für den sofortigen Sturmangriff. Ebenso Schärtlin von Burtenbach und Heinz Lüder. Aber die anderen können sich nicht dazu entschließen. Schärtlin hindert die

Gegenwart der Fürsten nicht, grimmig mit dem Fuß auf den Boden zu stampfen.

„Ihr laßt die Gelegenheit nutzlos verrinnen, bis es zu spät ist, Ihr Herren! Ich habe gegen Ulrich von Württemberg gestanden und gegen die aufrührerischen Bauern, desgleichen im kaiserlichen Heer oft gegen die Türken. Gegen die Franzosen habe ich gekämpft an der deutschen Grenze und in Italien, wo ich nach der Schlacht von Pavia zum Ritter geschlagen ward und dann Rom eroberte. Alles das war Kinderspiel gegen dieses jammervolle Zaudern und Schwanken, diese Uneinigkeit und Unentschlossenheit in den Heeren des Schmalkaldischen Bundes. Bei Gott, Ihr werdet es noch bereuen, wenn's zu spät ist! Seid Ihr deutsche Männer oder nicht?"

Landgraf Philipp nickt.

„Schärtlin hat recht. Unser Bundesheer ist heute noch stärker als die Schar des Kaisers. Wir müssen angreifen. Wir müssen das kaiserliche Lager beschießen und einen gemeinsamen Sturm wagen!"

Er schlägt die Zelttücher auseinander. Die Nebel haben sich verzogen. Herbstsonne vergoldet das ganze Donautal. Fern im Dunst schimmern die Türme von Ingolstadt herüber. Da entschließen sich die anderen, diese günstige Wetterlage als ein gutes Zeichen zu nehmen: Morgen soll mit dem Beschießen begonnen werden. Landgraf Philipp und Schärtlin atmen auf.

Von der Donau her kommt ein einsamer Ritter geritten. Sein Helm ist zerbeult, sein Panzerhemd ist zerrissen. Sein linker Arm hängt ihm schlaff in der Binde. Er sitzt weit vorn übergebeugt im Sattel, denn seine Augen spähen scharf und gespannt in die Weite, wie die eines Falken. Er reitet nach Norden zu. Hinter ihm versinken im Nebelgrau eines frühen Herbstes die Türme von Ingolstadt und das weite Donautal.

Es ist Heinz Lüder, den sein Herr, der Landgraf Philipp zurückgesandt hat ins heimatliche Hessenland mit einer wichtigen Botschaft, die keinen Aufschub duldet.

So reitet er Tag um Tag, – oft auch des Nachts.

Nun ist er bei Würzburg über den Main gegangen, hat den Spessart zur Linken und die Rhön zur Rechten gelassen und sieht jenseits der Kinzig den Vogelsberg ragen, der ihm die Nähe der Heimat verkündet. Aber nun sind auch seine Kräfte erschöpft. Und vor allem die Kräfte seines abgemagerten Rappen. Er wird vor dem Ziel noch einmal Rast machen müssen, denn es ist noch weit bis Kassel.

Als er die Türme der Burg Ulrichstein über den Baumwipfeln ragen sieht, ist sein Entschluß gefaßt, dort zu rasten.

In der großen einsamen Halle sitzt Wendula am Spinnrad. Herbstwind geht um die Mauern des Ulrichstein und rüttelt an den schmalen, hohen Spitzbogenfenstern. Es ist draußen kalt geworden, und die Zugvögel haben sich längst nach Süden aufgemacht. Die Laubwälder rings auf den Bergkuppen und in den Tälern sind rot und braun gefärbt, und wenn die Sonne darauf scheint, dann flammen sie wie riesige Fackeln.

Wendula denkt in Sorge an den Vater, – vor allem nun, wo der Winter vor der Tür steht. Denn er hat schon mit manchen Gebrechen des Alters zu kämpfen, – aber er war nicht zurückzuhalten von dem Feldzug der Schmalkaldener gegen Kaiser Karl.

„Wo es um unseren Glauben geht, da darf ich nicht müßig an der Seite stehen und zusehen. Der Doktor Martinus hat sich's nicht leicht gemacht, für uns das teure Gotteswort aus allem Schutt und Unrat wieder auszugraben, mit dem die Jahrhunderte und die Torheit der Menschen es allmählich bedeckt hatten, – da liegt es an uns, sein Erbe nicht erneut zu verschütten, sondern es weiter rein zu halten und zu schützen vor den Angriffen aller Feinde. Sie wollen es uns verbieten, darin zu lesen, und es steht doch geschrieben: ‚Suchet in der Schrift, denn ihr meinet, ihr habet das ewige Leben. Und sie ist es, die von mir zeuget!' Wir haben uns zusammengetan zu diesem Bund im Deutschen Reich, wir müssen auch dafür kämpfen!"

So hatte der alte Starnfelser gesprochen und hatte seinem Kind für die Zeit seiner Abwesenheit die Aufsicht der Burg übertragen. Denn er wußte, daß in Wendula's energischen Händen der Ulrichstein gut aufgehoben war. Voll Zuversicht und Mut war er mit seinen Reitern aufgebrochen, um zum Heer seines Landgrafen Philipp von Hessen zu stoßen. Mit ihm zusammen war er dann zur Donau hinab gezogen bis vor Ingolstadt.

Wendula wartete sehnsüchtig auf Nachricht, aber wer konnte sie ihr bringen in dieser unruhigen Kriegszeit, wo alle Männer in der Ferne waren? Ab und zu drangen wohl auch Gerüchte bis hinauf in die stille Burg. Händler brachten sie oder Reisende, die irgendwo unten in den Städten eine Nachricht aufgefangen hatten. Aber man wußte nie genau, was daran Wahres war, und wieviel der Mund der Leute dazugedichtet hatte. Der Starnfelser hatte zwar gemeint, vor Einbruch des Winters wieder daheim zu sein, denn die Verbündeten waren stark, und der Kaiser wartete noch auf seine Hilfstruppen. Aber bis heute hatte sie noch nichts von einem frühen Ende des schlimmen Krieges gehört.

Über dies alles muß Wendula nachdenken, wenn sie einsam oben in der Halle am Spinnrad sitzt und auf den Herbstwind lauscht.

Es ist gegen Abend. Die Sonne neigt sich im Westen und berührt schon die rotgoldenen Wälderwipfel, daß sie noch einmal in unsagbarer Schönheit und Farbenpracht aufflammen.

Wendula muß an die friedlichen, stillen Sommerabende denken, als sie mit dem Vater zusammen unten im Burghof und im Garten unter der Linde saß. Ihr Herz ist voll Sehnsucht und Sorge, als sie seufzend ihr Spinnrad beiseite stellt. Die Dämmerung sinkt schnell, und sie kann bald nichts mehr sehen in der unbeleuchteten Halle.

Da hört sie lautes Rufen im Hof und dann poltert eine der Mägde die Treppe herauf, und meldet ihr mit erregter Stimme:

„Der alte Hirte, der gerade mit der Schafherde heimkam, hat erzählt, daß am Berghang ein totes Pferd liegt und daneben der Reiter im Wundfieber. Soll man ihn heraufholen?“

„Aber gewiß, Maria. Es ist doch unsere Christenpflicht, daß wir so einem armen Landsknecht Hilfe zukommen lassen. Eber und Redlieb sollen ihn herauftragen. Wir beide richten inzwischen ein Gastzimmer.“

Wendula ist sehr erregt, denn es kommt ihr der Gedanke, daß es ja einer der Männer sein könnte, die mit Landgraf Philipp ausgezogen sind und der vielleicht vom alten Starnfelser eine Nachricht brächte. War es nicht sogar sehr wahrscheinlich, daß es ein Bote von ihm war? Wie sollte er sonst gerade auf dem Weg zum Ulrichstein zusammengebrochen sein? Denn die Magd erzählte noch, daß er den Berg schon halb erklommen hätte.

Nach kurzer Zeit tragen die beiden Männer den Verwundeten in die Burg und betten ihn auf das Lager, das die Frauen für ihn hergerichtet haben. Die Magd hilft Wendula, ihm die schweren Reitstiefel von den Füßen zu ziehen und seine Lederjacke zu lösen. Dann waschen sie ihm das verstaubte Gesicht, dessen Augen immernoch geschlossen sind. Da erkennt Wendula im Schein der Kerze, daß es Heinz Lüder ist. Sie erschrickt, und es wird ihr klar, daß es nicht gut um die Sache der Schmalkaldener stehen kann. Der alte Hirte, der ihn gefunden hat, und der viele Heilkräuter kennt, verbindet dem Stöhnenden den schwerverwundeten linken Arm. Heinz Lüder wirft sich in heißen Fieberträumen hin und her, und die Frauen müssen immer wieder kalte Tücher auf die glühende Stirn legen.

Wendula ist voll großer Unruhe, denn sie möchte ihn zu gerne fragen und vom Ergehen des Vater wissen. In der Nacht wechseln sie sich ab, bei ihm zu wachen. Wendula hat allen erzählt, daß es der Obrist Heinz Lüder sei, den der Landgraf noch bitter nötig habe in dieser bösen Kriegszeit, und der sicherlich eine Nachricht von Herrn Ulrich von Starnfels überbringen wollte. So wetteifern sie alle, ihm Gutes zu tun, sein Fieber zu senken und seine Schmerzen zu lindern.

Aber er nimmt weder Speise noch Trank zu

sich und erkennt niemand. Endlich, am Morgen des dritten Tages, als Wendula vor seinem Lager sitzt, um seine Stirn zu kühlen, schlägt er langsam die Augen auf. Aber es ist noch kein rechtes Erkennen darin. Seine fieberheißen Lippen bitten um ein Getränk.

Wendula's Herz ist voll Dank und Freude, als sie ihm behutsam den Becher an den Mund hält. Er trinkt in langen, durstigen Zügen, dann sinkt er wieder ermattet in die Kissen zurück. Sie möchte ihn gerne fragen – aber sie befürchtet auch, ihn damit zu erregen und zu beunruhigen. So wartet sie geduldig, bis er selber beginnen wird.

Als sie am anderen Tag zu ihm kommt, sitzt er aufrecht auf seinem Lager. Er hat schon etwas Nahrung zu sich genommen, die ihm der alte Hirte reichte. Fahl und eingefallen sind seine Wangen und ohne jegliche Farbe. Den geschwollenen Arm hat man ihm hochgebunden und heilende Kräuter daraufgelegt.

Wendula tut es leid, diesen schwerkranken Mann anzusehen, der ihr noch so wuchtig und kraftvoll in der Erinnerung steht.

Nur ein matter, ferner Glanz in den stählernen Augen erinnert noch an vergangene Tage.

„Heinz Lüder", sagt sie leise und tritt dicht an sein Lager – „erkennt ihr mich denn wieder?"

Ein kaum merkliches Lächeln geht über sein eingefallenes Gesicht.

„Wendula seid Ihr, des Starnfelsers Tochter. Nur weiß ich nicht mehr, wie Ihr zu mir gekommen seid.“

Sie hat sich auf den Schemel neben sein Bett gesetzt.

„Ihr seid hier auf dem Ulrichstein, Heinz Lüder. Wir fanden Euch an unserem Berghang neben Eurem toten Rappen.“

Er fährt sich mit der gesunden Hand ein paar Mal wie nachdenkend über die Stirn.

Behutsam fragt sie:

„Könnt Ihr mir irgend etwas von meinem Vater, dem Starnfelser berichten? Saht Ihr ihn im Lager von Ingolstadt? Und wie mag es ihm gehen?“

Bei dem Worte ‚Ingolstadt‘ zuckt er zusammen. Es ist als ob ein plötzliches Erinnern über ihn kommt.

„Weiß Gott, Wendula, ich habe Euch viel zu berichten. Aber es ist keine gute Nachricht, die ich Euch bringe. Eurem Vater freilich geht es gut, er war gesund und wohlauf, als ich ihn verließ. Doch weiß ich heute nicht, wie lange Zeit es her ist, seit ich ihn zuletzt gesehen habe. Ob es Tage, Wochen oder Monate sind? Mein Kopf ist noch ein wenig wirr, aber ich fühle doch, wie sich allmählich die Gedanken klären. Auch erinnere ich mich jetzt, daß ich hier auf dem Ulrichstein ein wenig ausruhen wollte. Ich ritt zu scharf für meinen müden, kranken Rappen. Aber ich habe wichtige Botschaft vom Landgrafen, die keinen Aufschub duldet."

Er tastet suchend mit der zitternden Rechten über die Decke. In seine Augen kommt eine große Unruhe.

„Ich muß bald wieder gesund sein, Wendula – sehr bald. Weil ich keine Zeit habe, hier krank zu liegen. Ich muß sofort weiter reiten."

Sie legt ihm beruhigend die Hand auf den Arm.

„Noch könnt Ihr nicht reiten, Heinz Lüder, – noch nicht. Erst muß das Wundfieber ganz überstanden sein und die große Schwäche. Aber sagt mir noch eins, wenn Eure Kraft es erlaubt: Wie steht es um die Sache der Protestanten? Was hat der Schmalkaldische Bund vor Ingolstadt ausgerichtet?"

Kaum hat Wendula die Frage gestellt, da bereut sie sie auch schon. Denn es kommt ein qualvoller Ausdruck in das Gesicht des Kranken, und er knirscht mit den Zähnen.

„Unsere Führer waren sich nicht einig und das wurde uns zum Verhängnis. Schärtlin erkannte mit klarem Blick, daß wir angreifen müßten, ehe die Niederländer kamen. Wir mußten sie abschneiden vor ihrer Vereinigung mit dem kaiserlichen Heer. Statt dessen haben wir hin- und herüberlegt – planlos, sinnlos. Kräfte wurden zersplittert, statt vereint zu handeln. So wurden die Niederländer natürlich verfehlt, die auf einem anderen Weg am 15. September zum kaiserlichen Heer stießen. Endlich trat bei uns Geld- und Brotmangel ein, dazu Mißmut und Streit. Unsere Führer hielten es für das beste, daß jeder nach Hause ging. Was uns aber am schlimmsten traf, war die Botschaft, die unser Kurfürst Johann Friedrich aus der Heimat erhielt: Herzog Moritz, den er als Hüter seines Landes ernannt hatte, wurde ihm untreu, trat zur katholischen Seite über und nahm selbst Besitz von Sachsen. Angeblich, um im Namen des Kaisers die Reichsacht an Johann Friedrich zu vollziehen! Es steht schlecht mit uns, sehr schlecht. Der Kaiser hat mittlerweile ein riesiges Heer zusammen und zieht mit ihm durch Bayern und Württemberg, um alle Ungehorsamen, alle Protestanten zu strafen. Dieses furchtbare Söldnerheer, in dem die Spanier am schlimmsten wüten – angeführt von dem grausamen Herzog Alba – wird sich auch über Hessen ergießen und über Sachsen. Sie sollen unter dem Volk schrecklich toben und zerstören. Gnade uns Gott!"

Erschrocken hat Wendula ihm zugehört. Sie hat die Hände zusammengepreßt und ihre Wangen sind blaß geworden.

„O, du lieber Gott! Das ist freilich eine schlimme Nachricht, Heinz Lüder. Und wann meint Ihr denn, daß der Vater heim kommt?"

„Ich kann es nicht sagen, Wendula. Landgraf

Philipp befahl ja bereits den Rückmarsch. Ich weiß aber nicht, ob sie unversehrt heimwärts kommen, oder ob die kaiserlichen Heere sich ihnen in den Weg stellen werden. Es sieht schlimm aus im Deutschen Reich, – da kann niemand mehr helfen."

In Wendulas Wangen sind die blühenden Farben zurückgekehrt. Sie strafft sich energisch, und es ist etwas sieghaftes in ihrem Gesicht.

„Und dennoch kann Einer helfen, Heinz Lüder. Einer, der mächtiger ist als alle die Fürsten im Deutschen Reich. Das ist unser Herrgott da oben, der uns nicht verlassen wird! Unser teurer Doktor Martinus Luther hat ihm vertraut und ihm alle Anliegen anheimgestellt. Und der allmächtige Gott, der dem armen unbekannten Mönch half, sich gegen Kaiser und Papst zu erheben, und für die Wahrheit zu zeugen, weil sein Gewissen es ihm befahl, – derselbe wird auch uns nicht verlassen und die Sache des reinen Evangeliums. Des bin ich gewiß!"

Wendula hat sich hoch aufgerichtet, in ihren Augen brennt ein heiliges Feuer. Die Augen des Verwundeten gehen ernst und müde über ihre schöne Gestalt. Er schüttelt langsam den Kopf.

„Ich kann das nicht so glauben, wie Ihr es glaubt, Wendula. Da müßte schon ein richtiges Wunder geschehen, – und das gibt es nicht."

Das Licht in ihren Augen leuchtet heller.

„Gott kann auch heute noch Wunder tun.“
Er lacht wieder auf.

„An uns armen Protestanten? Niemals. Und an mir erst recht nicht. Seht, da müßte schon das Handeln dieses untreuen, abtrünnigen Fürsten Moritz von Sachsen von Grund auf gewandelt werden, daß er nicht immer nur dem Kaiser dient, sondern sein Schwert herumreißt und wieder auf unserer Seite kämpft. Damit der Kaiser in die Enge getrieben wird und den Protestanten die alten Rechte wiedergegeben werden, die ihnen einst versprochen waren. Aber der schöne Moritz von Sachsen ist voll Ehrgeiz und will es mit dem Kaiser nicht verderben.“

Heinz Lüder ballt die gesunde Hand und preßt die Lippen in ohnmächtigem Zorn zusammen.

Leise sagt Wendula:

„Gott kann Herzen wenden. Auch das des Fürsten Moritz liegt in seiner Hand. Aber Ihr dürft Euch nicht so erregen, Heinz Lüder. Sonst kehrt das Fieber erneut zurück. Ihr müßt jetzt Ruhe haben, damit Ihr bald ganz gesund werdet.“

Sie wendet sich zur Tür. Der Kranke hat die Stirn gefurcht und starrt finster vor sich hin.

*

Es ist wenige Tage später. Abendsonne scheint durch die Fenster im Saal und malt rote Lichter auf die weiße Kalkwand. Dicht am Kamin sitzt der Obrist Heinz Lüder, in Decken gewickelt, den matten Oberkörper in den tiefen Sessel gelehnt. Es ist etwas Düsteres in seinem Gesicht und seine Augen liegen tief in den Höhlen.

Ihn hat es nicht mehr im Bett gehalten, er hat darauf bestanden, aufzustehen. Denn es ist eine Unruhe in ihm, weil er noch nicht wieder reiten kann, um seine Pflicht zu tun. Aber als er versucht umherzugehen, überkommt ihn die Schwäche, und er muß mit stillem Zorn Wendula gehorchen und sich ruhig in den tiefen Lehnstuhl am Kamin niedersetzen.

„Ihr seid zu hitzig, Heinz Lüder. Das tut nicht gut. Noch ist Eure Schwäche von dem Wundfieber zu groß. Ihr müßt erst neue Kraft schöpfen und noch etliche Tage warten."

Sie sagt es fest und bestimmt und schiebt ihm ein weiches Kissen in den Rücken.

„Wie ein altes Weib muß ich hier sitzen und meine Zeit vertun! Ich meinte, daß es schon besser gehen würde mit mir. Stattdessen falle ich Euch zur Last und mir selber auch!"

Er knurrt es zornig, auf ihr gutes Zureden nicht achtend.

Wendula hat sich ein Spinnrad an den Kamin geholt und sitzt ihm nun gegenüber, in den fleißigen Händen hält sie den surrenden Faden.

„Man muß auf Euch acht geben wie auf ein kleines Kind, Heinz Lüder. Der Reitersmann braucht doch nicht nur Mut und harte Entschlossenheit, sondern auch Geduld und kluges Ausharren, wenn es nötig ist. Ein halbgesunder Mann kann dem Landgrafen nicht viel nützen, das müßt Ihr bedenken."

Er hat den Kopf in die Hand gestützt und starrt trübe in die Flammen.

„Ihr mögt wohl recht haben, Wendula. Aber ich bin hundertmal lieber in der Schlacht, als hier krank und tatenlos herumzusitzen wie ein Narr. Denn so ist es sinn- und zwecklos verschwendete Zeit."

„Es ist nichts ohne Sinn und Zweck in unserem Leben, Heinz Lüder. Wir können es nur nicht immer gleich erkennen. Ich kann mir wohl denken, wie es Euch ärgert, so tatenlos hier sitzen zu müssen. Aber mir scheint, Eure Kraft nimmt wieder zu und Eure Augen blicken heller als gestern. So wird es Tag um Tag ein Schrittlein besser werden. Und mit der alten Kraft kommt auch der alte Frohsinn wieder zu Euch zurück."

Sie spricht weich und beruhigend, wie man zu Kranken und kleinen Kindern spricht. Dazu schnurrt leise und eintönig das Spinnrad, und draußen vom Burghof her fallen Axthiebe in die Abendstille. Einer der Knechte ist am Holzspalten für den Winter. Der rote Widerschein an der weißen Kalkwand wird schwächer, die Sonne ist hinter den fernen blauen Berghängen untergegangen. Leise kriecht die Dämmerung aus allen Tiefen, und ein Wind beginnt in den kahlen Baumkronen vor dem Fenster zu spielen.

Wendula ist aufgestanden, um noch einige Scheite auf die Glut zu legen. Denn es ist in der hohen und großen Halle kalt geworden. Sie hat ihr Kleid gerafft und kniet nun im Feuerschein, der wie lauter Gold ihren blonden gebeugten Kopf überflutet. Heinz Lüder hat sich zu ihr umgewandt und beobachtet ihre schnellen und festen Bewegungen. Und wieder, wie damals, an jenem sonnigen Julimorgen in eben dieser hellen Halle, überkommt ihn ein Gefühl unendlichen Geborgenseins, – lange entbehrten Behagens. Ist es ihre frauliche Nähe und das milde Betreuen ihrer schlanken, weißen Hände? In diese Stille hinein, die zwischen ihnen liegt, sagt er sorgenvoll:

„Ihr müßt aber fliehen, Wendula, wenn die Kaiserlichen und die Spanier kommen."

Sie hat sich von den Knien erhoben und lehnt nun am Kaminrand, die blauen Augen ein wenig erstaunt auf ihn gerichtet.

„Ich fliehen? Aber Heinz Lüder, wie denkt Ihr Euch das?"

Er nickt und sagt sehr bestimmt:

„Auf jeden Fall müßt Ihr das! Denn die Spanier sind grausam und ohne alles Erbarmen gegen die Protestanten. Vor allem ihr Führer Herzog Alba."

Sie lächelt.

„Was sollte man mir hier auf dem Ulrichstein antun? Ich muß doch hier auf den Vater warten. Was würde er wohl sagen, wenn er heimkommt, und seine Tochter wäre feige geflohen?"

„Das ist nicht feige, Wendula. Das wäre nur klug. Ihr wißt nicht, wie die Spanier sind."

„Wer sagt Euch denn, Heinz Lüder, daß sie gerade hier herkommen werden?"

Er zuckt die Achseln.

„Die Kriegsunruhen sind jetzt überall. Das kaiserliche Heer hat sich geteilt und wälzt sich von Süden, von der Donau heran. Es heißt, die Städte in Württemberg und Sachsen sollen gezüchtigt werden durch schwere Schatzungen. Da wird auch Hessen nicht verschont bleiben."

Wendula hebt den Kopf.

„Und wenn ich auch wirklich wollte, wohin sollte ich denn fliehen, Heinz Lüder? Wenn man auf dem befestigten Ulrichstein nicht einmal sicher sein kann, wo ist man es dann?"

Er denkt nach.

„In einer der befestigten Städte, Wendula. Vielleicht in Marburg oder Ziegenhain. Bewaffnete Knechte müßten Euch begleiten."

Sie schüttelt heftig den Kopf.

„Nein, nein, mein guter Obrist Lüder. Ich meine, Ihr seht zu schwarz. Hier ist mein Platz, wohin Gott mich gestellt hat. Hier muß und will ich ausharren, solange es ihm gefällt. Mein Vater hat die Burg meinem Schutz übergeben, als er fortzog. Ich darf sie nicht im Stich lassen. Auch habe ich treue Männer, die mich schützen werden."

Heinz Lüder hat ganz still gesessen, den Kopf in die Rechte gestützt. Jetzt sieht er auf. Die Dämmerung im Saal hat so zugenommen, daß man alles nur noch sehr schwach erkennen kann. Aber die hohe, stattliche Gestalt von Wendula hebt sich deutlich im Schein der roten Flammen vom Kamin ab.

Da beugt sich der Verwundete weit vor. In seinen Augen flattert es wie Angst.

„Ich will Euch etwas sagen, Wendula, was Euch retten kann. Sollte es wirklich hart auf hart gehen und die Spanier Euch bedrohen, so sagt, daß Ihr wieder katholisch werden wollt. Das wird sie sogleich besänftigen."

Da macht Wendula einen Schritt nach vorne, so daß sie dicht vor ihm zu stehen kommt. Ihre Augen flammen in großem Zorn.

„Meint Ihr, Heinz Lüder, mein Glaube sei ein Gewand, das man wechseln kann, wie es einem gerade paßt? Wie ein Mantel, den man nach dem Wind dreht? Ich möchte nicht in einem Atemzug genannt werden mit dem Fürsten Moritz von Sachsen, der seine Ehre vergaß und die Treue. Auch wir Frauen wissen, was Ehre und Treue heißt. Mein Vater und ich haben Luthers Lehre und das reine, unverfälschte Bibelwort für wahr und richtig erkannt, und unsere Seele hat Frieden und Ruhe darin gefunden. Wie sollte ich nun gegen mein eigenes Gewissen handeln und das verleugnen, was mir lieb und wert geworden ist? Nur um mein armseliges Leben vielleicht zu retten oder mein Hab und Gut? Nun, Heinz Lüder, da habt Ihr des Starnfelsers Tochter schlecht gekannt!"

Ihre Wangen sind heiß geworden beim Sprechen, ihr Atem fliegt. Sie schüttelt in großer Erregung den blonden Kopf.

„Daß Ihr mir solches zumuten könnt! Gerade Ihr! Wo Ihr doch selber ein Protestant seid, Heinz Lüder!"

Sie hat es vorwurfsvoll gerufen. Und ihre Augen sehen groß und fast streng zu ihm hinüber.

„Ich habe Euch schon einmal gesagt, Wendula, daß es für mich so gleichgültig ist, ob ich Katholik bin oder Protestant. Weil ich an nichts dergleichen glauben kann. Ich kämpfe mit auf Seiten des Schmalkaldischen Bundes, weil ich Landgraf Philipp's treuer Untertan bin. Alles andere interessiert mich nicht."

Sie hat traurig den Kopf gesenkt.

„Gebe Gott, daß es anders werde!" sagt sie

leise. „Denn es könnte doch einmal Zeit und Stunde kommen, wo Ihr Gott nötig hättet. Denn einmal brauchen wir ihn alle, früher oder später. Aber ich meine, wir haben schon zu lange geredet über so tiefe und schwere Dinge. Es könnte Eurer Genesung schaden. Ich gehe jetzt hinab in die Küche, um Euer Abendbrot zu richten. Lebt wohl!"

Sie nickt ihm zu und er hört sie die Wendeltreppe hinuntersteigen.

Ein Knappe kommt und steckt brennende Fackeln in die Eisenringe an der Wand. Denn es ist inzwischen ganz dunkel geworden.

Stärker geht der Herbstwind um den Ulrichstein.

*

Es ist ein fahler, grauer Oktobermorgen, als Heinz Lüder wieder weiterreitet. Der alte Hirte und Wendula schütteln sorgenvoll den Kopf, denn der Obrist sieht noch sehr schlecht aus, und auch sein Arm ist noch lange nicht geheilt. Aber er war nicht mehr aufzuhalten. Sie haben ihn gewarnt und gebeten, noch hierzubleiben, aber Heinz Lüder hat sie ausgelacht.

„Hab' keine Zeit mehr zu verlieren. Denn ich verlor schon viel zu viel Zeit, die auch das schnellste Pferd nicht mehr aufholen kann. Was soll Herzog Philipp von mir denken? Im Hessenland und im ganzen Deutschen Reich geht's auf Tod und Leben, und ich soll hier weiter auf der faulen Haut liegen!"

Er hat sich im Stall das beste und kräftigste Pferd ausgesucht.

„Ich werd's dem Ulrichstein zu gegebener Zeit vergelten. Heute bin ich arm und ausgesogen vom Krieg. Mein guter Rappe ist tot. Meine Kleider beschmutzt und zerrissen. Vielleicht kommt's auch einmal anders mit mir."

Als er Wendula die Hand zum Abschied gibt, sieht sie ihn ernst an.

„Gott sei mit Euch, Heinz Lüder. Laßt mich so sagen zu Euch, auch wenn Ihr heute noch nicht an Gott glauben könnt."

Er hält ihre Hand fest, es ist etwas Weiches in seinem Gesicht.

„Erst muß ich spüren, daß er da ist, Wendula. Daß er auch für unser Land da ist und für die, die um seine reine Lehre zu kämpfen meinen. Daß er nicht das Böse und Schlechte triumphieren läßt. Wie wir es jetzt jeden Tag erleben: Daß es den Ungetreuen und den Verrätern am besten geht. Ich denke an Moritz von Sachsen, der vom Kaiser mit Ehren überhäuft wird, obwohl er sein Ehrenwort gebrochen hat."

„Gottes Mühlen mahlen langsam, Heinz Lüder. Es ist noch nicht aller Tage Abend. Wir müssen Geduld haben."

„Bis es zu spät ist! Bis nichts mehr zu retten ist aus dem traurigen Wirrwarr. Ich muß Tatsachen sehen, um an einen allmächtigen und gerechten Gott glauben zu können. Das Deutsche Reich ist ein Tollhaus und eine Mördergrube geworden. Gottes Hände mögen uns zwar führen, aber ich erkenne sie nicht."

Sie sieht ihn fest an.

„Denkt an das Lutherlied:

Und wenn die Welt voll Teufel wär
Und wollt uns gar verschlingen,
So fürchten wir uns nicht so sehr,
Es muß uns doch gelingen!

Ja, Heinz Lüder, es wird und muß gelingen, das Böse und Niedrige zu besiegen, – das Falsche und Lügenhafte. Ich glaube fest daran. Und nun reitet in Gottes Namen mitten hinein in diese Welt voll Teufel!"

Er neigt sich noch einmal aus dem Sattel.

„Werdet Ihr manchmal an mich denken?"

Groß und klar sieht sie zu ihm auf.

„Meine Gedanken werden um Euch sein wie Vögel, die immer mit Euch fliegen, über Berg und Tal, über Moor und Heide."

„Aber der Winter steht vor der Tür, Wendula. Da verlassen uns die meisten Vögel."

„Meine Gedanken verlassen Euch nie, Heinz Lüder. Denn sie wissen, daß Ihr sonst ganz einsam seid."

„Liebe Wendula", sagt er leise, – und dann noch einmal: „Liebe Wendula."

Er neigt sich tief vom Pferd und zieht ihre Hand an seine Lippen.

Dann richtet er sich wieder auf, rückt den verbeulten Helm zurecht und gibt seinem Pferd die Sporen.

In den frühen Morgen reitet ein einsamer Mann.

*

Als der erste Schnee fällt, kommt der Starnfelser mit seinen Männern müde zum Ulrichstein zurück. Sie haben sich an der Donau keinen Ruhm holen können. Das macht sie bedrückt und niedergeschlagen, wie Heinz Lüder auch. Vor allem aber lastet der treulose Abfall von Moritz von Sachsen auf dem Starnfelser, denn dieser plötzliche und gänzlich unvorhergesehene Verrat hat alle Protestanten mit größter Sorge um die Zukunft erfüllt, und ihre Reihen sehr geschwächt. Das Kriegsglück hat sich ganz auf die Seite des Kaisers gestellt.

Da der Starnfelser, wie immer zur Winterszeit, sehr von seiner Gicht geplagt wird, kann er vorläufig auch nicht wieder ins Feld ziehen. Das fällt ihm schwer, denn er weiß, daß Landgraf Philipp ein neues Heer rüstet, um seinem bedrängten Verbündeten Johann Friedrich von Sachsen zu Hilfe zu ziehen. Sie wissen, daß der Kaiser im Frühjahr gegen die Elbe vorrücken will, um den Kurfürsten von Sachsen zu strafen.

So ist es ein trauriger und sorgenvoller Winter, den sie auf dem einsamen Ulrichstein erleben. Denn es dringen von draußen nur wenig Nachrichten herein, und sie sind darauf angewiesen, was die Händler und Reisenden berichten. Nur Wendula behält ihren frohen Mut und versucht den Vater aufzuheitern, wo sie nur kann. Sie spielt ihm an langen Winterabenden fröhliche und ernste Lieder auf der Laute, am liebsten aber immer die frohen, stärkenden Lutherlieder, aus denen felsenfestes Gottvertrauen in allen Stürmen und aller Bedrängnis wieder und wieder hindurchklingt. Sie wärmt ihm die Katzenfelle am Ofen, die er auf sein gichtkrankes Bein legen muß, um die Schmerzen zu lindern, und kocht ihm seine Lieblingsspeisen, um ihn ein wenig auf andere Gedanken zu bringen. Das hilft ihr selbst, alle Bangigkeit und Verzagtheit in den Hintergrund zu drängen, in dem sie all ihr Augenmerk nur auf den leidenden, bekümmerten Vater richtet.

Als die ersten Frühlingsstürme durchs Land brausen, fallen auch die ersten spanischen Horten in Hessen ein. Dadurch wird Landgraf Philipp gezwungen, im Land zu bleiben und hier nach dem Rechten zu sehen. So kann er nur seinen treuen Obristen Heinz Lüder mit etlichen Landsknechten dem bedrängten Johann Friedrich von Sachsen zu Hilfe schicken.

*

Der 24. April 1547 ist ein heller Sonntagmorgen, wie ihn nur der Frühling so rein und blütenduftend der Erde bescheren kann. In breitem Strom fließt die Elbe dahin, und die ersten Schwalben schießen jauchzend über die spiegelglatte Wasserfläche. Tief hängen die Weiden über dem Strom. Aus ihren zarten Silberkätzchen sind schon lange grüne Blätter geworden. Kiebitze fliegen in zackigem Flug mit schrillem, klagendem Schrei über die Elbwiesen. Ein blauer Himmel spannt sich sonntäglich über das weite Land.

Müller Strauch, der direkt am Wasser wohnt und dessen Mühlrad sich auch am Sonntag langsam dreht, steht im weißbestaubten Werktagskleid mürrisch am Ufer.

Vom nahen Mühlberg klingen die Kirchenglocken herüber. Ein rauchender Trümmerhaufen am Ufer zeigt die Stelle, wo vorher die Elbbrücke sich spannte. Vor wenigen Tagen haben die Männer des Kurfürsten Johann Friedrich sie verbrannt, um dem nachdrängenden kaiserlichen Heer den Übergang über den Strom zu erschweren. Es wurden auch sämtliche Kähne hinübergezogen zum östlichen Ufer. Da die Elbe hier schon ein tiefer und breiter Strom ist, hält Johann Friedrich das Ostufer nun für sicher und geschützt und hört in Mühlberg andachtsvoll der Predigt zu. Als die Männer des Städtchens ihren Landesvater im Gottesdienst wissen, meinen sie, nun auch der Sonntagsruhe pflegen zu können, und bekümmern sich nicht mehr viel um eine etwaige Verteidigung. Kaiser Karl kann ja nicht über den breiten Elbstrom, da fühlen auch sie sich sicher.

Heinz Lüder jedoch, dessen linker Arm immer noch ein wenig steif ist, reitet langsam im Morgengrauen am Ufer entlang, um alle Möglichkeiten zu prüfen. Er hört das Glockenläuten von Mühlberg herüber und schüttelt unmutig den Kopf über die Ruhe und Sorglosigkeit des Fürsten, der angesichts der herannahenden Feinde noch still in der Kirche sitzen kann. Freilich, – von den Feinden ist noch nichts zu sehen. Die Elbbrücke ist verbrannt und die Kähne sind alle diesseits des Stromes. Auch sagt man, daß Kaiser Karl schwer gichtkrank sei und nicht zu Pferde steigen könne. Da kann ein Angriff noch lange auf sich warten lassen und man hat vorläufig wohl nichts zu befürchten.

Langsam reitet Heinz Lüder nach Mühlberg

zurück, aber es ist eine Unruhe in ihm, die er sich nicht erklären kann. Deshalb stellt er überall Posten auf, die bei der geringsten Gefahr sofort Meldung zu erstatten haben.

Müller Strauch ist den Bewegungen des einsamen Reiters am anderen Ufer mit mißtrauischen Augen gefolgt. Als Heinz Lüder sich wieder dem Städtchen zuwendet, atmet der Müller auf. Er beschattet die Augen mit der Hand. Denn die Morgensonne blendet und das Wasser wirft ihren Widerschein in tausend strahlenden Funken zurück. Und richtig! Fern, fern im Dunst tauchen silberblitzende Speere und Pickelhauben auf. Die Vorhut der Kaiserlichen naht in scharfem Trab.

Durch ihre Späher wissen sie ja längst, daß die Elbbrücke verbrannt ist, und die Kähne drüben am anderen Ufer liegen. Aber sie wissen noch mehr, etwas, was Heinz Lüder und die Kurfürstlichen nicht wissen. Daß da unter den überhängenden Weiden ein Mann wartet, der ihnen um Judaslohn eine Furt zeigen wird und sein eigenes Land verrät für klingendes Gold.

Müller Strauch winkt ihnen und gibt den Feinden das verabredete Zeichen. Gebückt schleicht er unter den überhängenden Weiden das Ufer entlang bis zu der Furt, die nur wenige kennen. Denn die Elbe ist hier tief und reißend und würde wohl sonst kaum zu durchschwimmen sein. Aber an dieser breiten Furt ist sie seicht, und die Reiter haben leichte Arbeit. In kurzer Zeit überqueren sie den Strom, lösen alle jenseits aufgefundenen Kähne und schlagen in unbeschreiblicher Geschwindigkeit eine Schiffsbrücke für das Fußvolk auf. Immer mehr kaiserlichen Scharen rücken heran.

In Mühlberg blasen sie Alarm, alle Glocken läuten Sturm.

Der Kurfürst hört noch der Predigt zu, als man ihm ins Ohr raunt, die Kaiserlichen seien über die Elbe gekommen. Er will und kann es nicht glauben. Als er bestürzt aus der Kirche eilt und die Verteidigung anordnen will, ist es bereits zu spät.

Schon hat Kaiser Karl sein Heer in Schlachtordnung aufgestellt, er selber sitzt hoch zu Roß auf seinem prächtig geschmückten Andalusier. Er achtet nicht auf seine Gichtkrankhcit, sondern feuert die Seinen zu tapferem Streit an.

Es ist umsonst, daß sich ihm die Protestanten entgegenwerfen – umsonst, daß sie die Tore der Stadt Mühlberg verteidigen wollen. Wie eine Flut ergießt sich das siegreiche Heer der Kaiserlichen überall. Kurfürst Johann Friedrich muß fliehen, wenn er nicht in die Hände der Feinde fallen will. Auf seinem friesischen Hengst versucht er zu entrinnen. Aber er ist gar zu beleibt. In der Lochauer Heide wird er eingeholt und nach tapferer Gegenwehr übermannt. Es ist das Ende aller Hoffnungen der Protestanten.

Sonnenglanz liegt über der weiten Lochauer Heide. Mitten in dieser Heide im knospenden Frühlingsgrün hält der Kaiser auf seinem Andalusier an. Von seiner goldenen Rüstung und dem purpurroten Zaumzeug seines Pferdes geht ein Flimmern aus, das fast blendet.

Stolz und Genugtuung leuchten im Angesicht Karls des Fünften. Er wartet auf den gefangenen Kurfürsten Johann Friedrich von Sachsen. Der kommt jetzt in langsamem Schritt geritten, geführt von Herzog Alba.

Der Kurfürst ist am Gesicht verwundet und blutet stark. In dunklen Tropfen rinnt das Blut an seiner Rüstung hinab.

Hart und unbeweglich ist das Angesicht des Spaniers.

Als der verwundete und ermattete Kurfürst den Kaiser erblickt, sagt er leise:

„Herr Gott erbarm' dich meiner! Nun bin ich hier."

Mühsam und mit Schmerzen steigt er vom Pferd. Kreuzt die Arme über der Brust und neigt sich vor Kaiser Karl.

„Aller gnädigster Kaiser" – –

Bitter unterbricht ihn dieser:

„So, bin ich nun wieder Euer gnädigster Kaiser, so habt Ihr mich lange nicht geheißen."

Tief senkt der Kurfürst das Haupt.

„Ich bitte Euer Majestät um ein fürstliches Gefängnis."

Kurz und herrisch kommt des Kaisers Antwort.

„Wohlan, Ihr sollt bekommen, was Ihr verdient habt.“

Als dann der Kaiser das Todesurteil über den Kurfürsten ausspricht, sind die umstehenden doch erschrocken. Johann Friedrich aber vernimmt es mit größter Ruhe. Nach etlichen Tagen besinnt sich der Kaiser und läßt sich von solcher Strenge abbringen. Aber er nimmt dem Besiegten die Kurwürde und seine Besitzungen, die der treulose Moritz als Belohnung für seinen Verrat bekommt.

Still und willig verzichtet der Kurfürst auf dies alles. Er beugt sich unter Gottes Hand, und niemand hört eine Klage aus seinem Munde. Aber in seinem Land ist dafür um so größeres Klagen. Denn sie haben ihren Kurfürsten über alles geliebt und können es nicht fassen, daß er nun in der Gefangenschaft schmachten soll. Vor allem erbittert es ganz Sachsen, daß es sich nun unter dem Verräter Moritz beugen und ihm gehorchen soll.

Von dem gefangenen Kurfürsten verlangt der Kaiser noch, daß er sich dem Konzil unterwerfen solle. Aber in diesem einen Punkt beugt sich der fromme und geduldige Herr nicht:

„Eher will ich nicht nur Land und Leute verlieren, sondern auch meinen Hals dazu, als mich von Gottes Wort abreißen zu lassen.“

Es wurde dem armen Gefangenen, der unter strenger Bewachung mit dem Kaiser auf seinen Reisen herumziehen mußte, aber nach drei Jahren ein großer Trost zuteil. Das war der greise Maler Lukas Kranach, der freiwillig mit seinem lieben Landesherrn die Gefangenschaft teilte. Noch fester klammerte sich der Kurfürst an seinen Gott und Herrn, in dessen Führung er sich still und demütig ergab. Denn er wußte es ja genau, wenn es Gottes Wille und Absicht war, konnte er auch seine Gefangenschaft lösen und ihn wieder freimachen. Und um des Glaubens willen wollte der Kurfürst gern und standhaft leiden. Hier in der Gefangenschaft dichtete er das schöne Lied:

Wie's Gott gefällt, so gefällt's auch mir
Und laß mich's garnicht irren.

*

Durch die lautlose, träumende Mainacht reitet Heinz Lüder. Er hat eine wichtige Botschaft an den Landgrafen Philipp von Hessen zu überbringen. Wie durch ein Wunder ist Heinz Lüder in der Schlacht bei Mühlberg unverwundet geblieben, obwohl er doch immer in den vordersten Reihen mitgekämpft hat.

Nun hat sich des Kaisers Zorn gegen Landgraf Philipp gerichtet, denn Hessen leistet ihm immer noch harten Widerstand. Mit Besorgnis sehen dies die verbündeten Fürsten, und haben deshalb Heinz Lüder losgeschickt, daß er seinen Landgrafen rechtzeitig warnen kann.

Als der Obrist durch die stille Mondnacht reitet, muß er daran denken, wie er hier vor Jahresfrist mit dem Starnfelser den selben Weg geritten war. Wie es dem treuen Freunde wohl ergehen mag? Nun ist der Frühling in das Land gekommen, und mit ihm so viel neuer Streit und Kampf, da wird es den wackeren Starnfelser auch nicht mehr auf seiner einsamen Burg gehalten haben. Wie es wohl auf dem Ulrichstein aussieht? Die Nachricht ist bis nach Sachsen gekommen, daß auch im Hessenland schon die Spanier hausen sollen, um den Landgrafen mürbe zu machen, daß er sich auf Gnade oder Ungnade ergebe.

Ob der Ulrichstein noch verschont geblieben ist? Ob Wendula wieder während des Vaters Abwesenheit einsam und ohne Schutz die Burg verwaltet?

Ein Duft von blühenden Kirschbäumen kommt aus den Gärten der Dörfer herüber. Irgendwo in der Ferne bellt ein Hund.

Heinz Lüder hat gerade die Saale mit ihren steilen Ufern und trutzigen Burgen überquert. Im hellen Mondlicht erkennt er die wuchtigen Mauern der Festung Rudolstadt. Hier hat die tapfere Fürstin Katharina mit ihren Männern im prunkvollen Herrensaal den gefürchteten Herzog Alba umzingelt, der ihren Bauern das Vieh fortgetrieben hatte. Als sie ihn für ihre Leute bat und er sie mit spöttischen Worten abwies, drangen auf ein vereinbartes Zeichen hin Bewaffnete in den Saal ein und stellten sich mit gezückten Schwertern hinter die Sitze der Gäste. Als nun die tapfere Fürstin ihre Worte noch einmal wiederholte, da wurde aus ihrer Bitte eine strenge Forderung, die mit den Worten schloß:

„Sonst bei Gott! Fürstenblut für Ochsenblut!"

Da wurde es dem stolzen Alba und seinen Leuten so unheimlich zu Mute, daß er allem zustimmte, was Fürstin Katharina von ihm verlangte. –

Heinz Lüder reitet weiter. Rudolstadt versinkt allmählich in den Silberschleiern der hellen Mondnacht.

Lange muß er darüber nachdenken, warum es gerade den Protestanten, den Verfechtern der reinen Lehre, in diesen letzten Kriegsmonaten so bitter schwer ergangen ist. Immer mehr sind sie in die Enge getrieben worden, immer härter sind alle ihre Rechte beschnitten worden. Will man sie mit Stumpf und Stiel ausrotten? Will man ihnen das reine Gotteswort wieder nehmen, das Luther ihnen einst so mühsam erkämpft hat?

Heinz Lüder schüttelt den Kopf. Er hat den

zerbeulten Helm vor sich auf den Sattel gelegt. Nun geht der laue Nachtwind weich durch sein kurzes, blondes Haar und kühlt ihm die heiße Stirn.

Leise knarrt das Lederzeug beim Reiten, leise klirren Bügel und Kinnkette des Pferdes. Im Mondschein gebadet liegt das Tal der Fulda zu seinen Füßen. Über dem Spessart fällt eine Sternschnuppe. Die erste Nachtigall klagt in einer Weißdornhecke am Hohlweg.

Mühsam tasten sich Heinz Lüders Gedanken durch die Wirrnisse dieser Zeit und den Groll seiner Seele.

– ‚Du hast gemeint, Wendula, daß es dennoch einen Gott gibt, der unsere Geschicke lenkt? Wo ist er? Warum vernichtet er nicht alles Böse und hilft denen, die ihm vertrauen? Nein, Wendula, dein Gott ist tot! Und es ist so gleichgültig für mich, ob ich Katholik bin oder Protestant.

Der Traum meiner Jugend ist gewesen, immer auf *der* Seite zu kämpfen, wo der Sieg ist. Und nun habe ich bei Ingolstadt und Mühlberg die schwersten Niederlagen erleiden müssen. Ohne meine eigene Schuld. Da frißt sich Grimm in die Seele und das Schwert begehrt auf, das der Besiegte zähneknirschend wieder in die Scheide stecken muß.

Herrgott! Wo bist du?

Oder regiert der Teufel die Welt, weil jetzt der

spanische Herzog Alba solche Macht im deutschen Land hat? Der voll Grausamkeit und Härte ist, daß schon die Kinder zusammenschrecken beim nennen seines Namens! Warum kämpfe ich noch auf Seite der Protestanten? Warum mache ich es nicht wie Schärtlin von Burtenbach, der immer dort seinen Sold nimmt, wo Sieg und Macht stehen? Der bald die Kaiserlichen führt und bald die süddeutschen Städte. Ja, hat er nicht sogar schon in den Diensten des Königs von Frankreich gestanden?' –

Der einsame Reiter fährt sich mit dem Eisenhandschuh durchs blonde Haar. Ein tiefes Nachdenken liegt auf seinem fahlen und kantigen Gesicht. Dann sagt er schwer in die lautlose Nacht hinaus:

„Mein Landgraf Philipp, ich bleibe dir treu! Was interessiert es mich, welchen Glauben du hast. Für dein Land habe ich gekämpft, solange ich denken kann – und für dich! Dein treuer Untertan bin ich im Leben und im Tod. Und sollen die Zeiten noch härter werden und unsere Bedrängnis noch größer, – ich bleibe bei dir. Denn die Treue geht mir über alles! Laß die Spanier kommen und ihre Faust auf unser Hessenland legen. Wir schütteln diese Faust auch wieder ab, mein Landgraf!"

Und wie Heinz Lüder so einsam durch die tiefe, monderhellte Nacht reitet, die offene

Heerstraße meidend, um keinem Feind in die Hände zu fallen, muß er an ein Bild von Dürer denken, das er einmal irgendwo gesehen hat. Da reitet auch ein Ritter so einsam durch die Welt und zur Seite reiten ihm Tod und Teufel. Niemand sonst, – nur Tod und Teufel.

Aber ihm ist nicht bange. Trotz ist in seinem Gesicht. Ist es auch bei ihm so? Reiten diese beiden auch rechts und links von ihm? Tag und Nacht, Stunde um Stunde? Will der eine seine Seele und der andere seinen Leib? Und gibt es nichts, was davor schützen kann?

Heinz Lüder setzt seinen Helm wieder aufs Haupt. Sein Gesicht ist sehr ernst, denn er weiß, in jeder Schlacht werden diese beiden Begleiter ihm wieder näher sein als sonst. Und niemals wird er sie abschütteln können.

Ein rauhes Lachen kommt von seinen Lippen. Was sollen diese törichten Gedanken? Seit wann denkt ein Kriegsmann solche Dinge? Hat er denn den Glauben an Gott und Teufel nicht längst verloren?

Im Tannendickicht, direkt neben ihm, schreit plötzlich ein Nachtvogel. Der Rappe erschrickt und steilt sich auf den Hinterbeinen. Und jagt dann in wildem Galopp den Berghang hinab. Das ist Heinz Lüder gerade recht. Im Mondlicht glitzern sein Helm und sein Schwert wie lauter Silber. Tod und Teufel jagen neben ihm in die Nacht. Er sieht sie nicht mehr.

Er weiß aber auch nicht, daß über ihm wie ein heller Stern das stille, starke Beten einer Frau ist, das ihn nie verläßt.

*

In der Martinskirche zu Kassel kniet Landgraf Philipp von Hessen. Das Morgenlicht fällt hell durch die bundbemalten, breiten Kirchenfenster. Er kniet vor dem Altar, die Hände über dem Schwertknauf gefaltet, den Kopf tief gesenkt. Eben hat ihm Heinz Lüder die Botschaft überbracht, für die er Tag und Nacht so schnell und weit geritten war. Nun will der Landgraf in der Stille darüber beraten mit seinem Gott. Denn es quält ihn, daß sein Land so leiden muß, und er denkt darüber nach, wie er seinen Landeskindern helfen kann. Langsam erhebt sich der Landgraf von den Knien; er ist nicht mehr der Jüngste und das Aufstehen fällt ihm schwer.

Tiefe Ruhe, – heilige Stille ist unter den gewaltigen Säulenbogen des Gotteshauses. Wie leuchtende Brücken ziehen die Sonnenstrahlen durch die dämmerige Kühle des hohen Raumes. Bunt strahlt der Glanz der bemalten Fenster auf dem dunklen Chorgestühl am Altar wider. Langsam schreitet der Landgraf über die Steinplatten zwischen den langen Bankreihen zurück. Im Vorraum vor dem gewölbten Portal steht im Schatten eines Pfeilers Heinz Lüder. Er wartet hier auf seinen Herrn, der im Gebet allein sein wollte.

Still und reglos steht Heinz Lüder, den Helm in der Hand, gestützt auf sein Schwert.

Er hat den blonden Kopf nicht wie sein Herr gesenkt. Was soll Heinz Lüder beten? Trutzig blickt er über die langen Bankreihen hin bis zum Altar. Es ärgert ihn, daß sein Herr dort mit gesenktem Haupt kniet.

Wozu hat ein deutscher Kriegsmann es nötig, vor irgend jemand seine Knie zu beugen?

Als der Landgraf jetzt auf ihn zugeht, ist eine stille Güte und eine große Ruhe in seinem Gesicht. Er legt ihm die Hand auf die Schulter.

„Ich glaube, ich bin zu einem Entschluß gekommen. Du mußt mir noch einmal langsam wiederholen, was die Fürsten mir rieten."

Der Obrist schaut ihn finster an.

„Ich weiß nicht, Herr, ob ihr Rat gut ist. Kurfürst Moritz, Euer Schwiegersohn, und Joachim von Brandenburg raten Euch beide, Euch dem Kaiser, wie er es verlangt, auf Gnade und Ungnade zu ergeben, weil weiterer Widerstand doch nichts helfe. Sie versprechen Euch heilig, daß Ihr gleich nach geschehener Abbitte vor dem Kaiser frei fortgehen dürft. Denn der Kaiser hat sich ihnen gegenüber so geäußert."

Philipp nickt.

„Und warum bist du dagegen, mein treuer Heinz Lüder?"

Der junge Obrist preßt die Lippen zusammen. Dann sagt er hart:

„Weil ich dem Kaiser nicht traue, Herr."

Landgraf Philipp wiegt den Kopf.

„Kaiser Karl hält sein Wort. Denke nur an den Reichstag zu Worms damals, als er unserem Martin Luther sein Wort gab und es auch hielt. Der Kaiser meinte damals: ‚Und wenn Treue und Glauben aus der Welt gejagt würden, müßten sie doch noch eine Zuflucht bei dem Kaiser haben'!"

Heinz Lüder sieht seinem Herrn in die tiefen, klaren Augen.

„Ich traue dem Kaiser nicht. Bleibt hier, Herr."

Jetzt geht es wie ein Erstaunen über des Landgrafen Gesicht.

„Seit wann hast Du Furcht gezeigt?"

„Für mich selbst niemals, Herr. Aber für Euch."

„Auch an ein anderes Kaiserwort muß ich Dich erinnern, Heinz Lüder. Als Kaiser Karl in Wittenberg und in der Schloßkirche am Grab Luthers stand, da drängten ihn seine Begleiter, die Gebeine dieses Erzkätzers ausgraben und verbrennen zu lassen. Aber wieder sagte der Kaiser: ‚Ich führe mit den Lebendigen Krieg, nicht mit den Toten. Laßt ihn, er hat seinen Richter'. Ich habe vorhin lange in heißem Gebet mit meinem Gott gerungen. Sieh, das Land stöhnt unter den allzu hohen Abgaben. Und nun zittert es vor der Kriegsgefahr, die ihm durch den Zorn des Kaisers droht. Ich kann sie abwenden, wenn ich mich demütig beuge und Abbitte tue. Die Fürsten haben recht. Widerstand würde mir und meinem Land doch nichts helfen. Und der Kaiser hat mir zugesagt, daß ich frei soll fortgehen dürfen."

Heinz Lüder senkt den Kopf.

„Wie Ihr wollt, Herr. Aber es ist eine Unruhe in mir. Laßt mich mit Euch gehen."

Landgraf Philipp schüttelt den Kopf.

„Es muß einer im Land bleiben, der es hüten und schützen kann, solange ich fort bin. Ich traue den Spaniern nicht. Aber nun komm, Heinz Lüder. Wir haben noch manches zu bereden. Denn ich will bald reiten, meinem armen Lande zuliebe."

Die beiden Ritter schreiten aus dem Portal der Martinskirche zu Kassel. Ihre ernsten Gesichter wollen nicht so recht hineinpassen in die lachende Morgensonne eines frühen Sommertages.

Sie sehen beide die Gewitterwolken, die sich im Osten über den Bergen zusammenballen.

*

Hinter den blauen Bergzügen des Vogelsgebirges geht die Sonne auf. Es ist eine leuchtende, lachende Julisonne, die alles Land in Gold und Purpur taucht. Ein Vogelsingen ohne Ende gibt den Sonnenstrahlen Antwort, und aus den Tiefen der Bergschluchten weichen zögernd die letzten Schatten der Nacht.

Im altersgrauen Kirchlein der kleinen Stadt Ulrichstein, die sich zu Füßen der Burg um den Felskegel schmiegt, läuten die Glocken den Sonntag ein. Durch die Gassen des Städtchens kommen die Kirchgänger geschritten, und es ist wie eine stille, große Feierlichkeit, die über allem liegt.

Von der Burg Ulrichstein kommt heute auch Wendula den steilen, gewundenen Bergpfad herabgeritten. Sie trägt sonntägliche Kleidung; etliche Schritte hinter ihr steigen ihr Knappe und viele vom Burggesinde mit herunter, um in der grauen Stadtkirche das heilige Abendmahl zu empfangen.

Die Kornfelder ringsum stehen in reifenden, schwellenden Ähren. Es ist nicht mehr lange bis zur Ernte, und der Sommerwind streicht mit sanfter Hand über die grünen und gelben Felder, als hätte er Meereswogen unter sich, die sich heben und senken bei seinem leisesten Hauch. Ein großer Friede ist überall, ein verdientes Ausruhen nach schwerer Arbeit die Woche über.

In den Gärten blühen Rosen in duftender Fülle und die Äpfel beginnen schon, sich an den Bäumen zu runden.

Ein alter Bauer tritt auf Wendula zu und grüßt sie ehrfürchtig.

„Habt Ihr es schon gehört, Starnfelserin, daß die Spanier kommen sollen? Von Süden kommen sie, von Württemberg her. Ihre Pferde zerstampfen die fast reifen Kornfelder und vernichten die ganze Ernte. Es soll ein großes Jammern und Wehklagen sein, und viele meinen, sie seien schon über die hessische Grenze gekommen."

Wendula, die ihr Pferd beim Herannahen des Alten angehalten hat, beugt sich freundlich aus dem Sattel zu ihm hinunter. Sie stehen gerade vor dem Stadttor, das trutzig in den sonnigen Morgen ragt.

„Nun, Vater Karsten, das kann doch wohl nicht möglich sein! Denn dann hätte mein Vater mir schon längst eine Botschaft oder eine Warnung geschickt. Er ist schon seit etlichen Wochen mit seinen Männern unterwegs. Was sollten die Kaiserlichen und die Spanier auch schlimmes gegen uns Hessen im Schilde führen? Wir haben ihnen doch nichts zu Leide getan?"

„Aber unser Herr und Landgraf Philipp ist einer der mächtigsten Führer der Protestanten."

„Gewesen", sagt laut eine ernste Stimme hinter den beiden, so daß sie sich erschrocken umwenden.

Ein Fremder mit der Laute über der Schulter ist des Weges gekommen und hat ihre letzten Worte gehört.

Er muß weit gewandert sein, denn auf seinen Schuhen liegt dicker Staub und seine Augen blicken müde und traurig.

Wendula beruhigt ihr tänzelndes Pferd und fragt erschrocken:

„Was wollt Ihr damit sagen, Mann? Ist Landgraf Philipp das nicht auch heute noch?"

Der Fremde wischt mit dem Handrücken über die Augen.

„Habt Ihr's noch nicht gehört, Frau? Landgraf Philipp von Hessen ist in Halle vom Kaiser gefangen genommen worden!"

Wendula schreit auf. Und alle Kirchgänger, die sich neugierig um die Drei angesammelt hatten, sehen sich entsetzt an.

„Unser Landgraf? Das ist doch nicht möglich! Hatte man ihm nicht versprochen, daß er nach getaner Abbitte vor dem Kaiser frei sollte fortgehen dürfen? Und nun hält man ihn gefangen zurück! Das ist Verrat und Hinterlist, bei Gott!"

So schwirren die aufgeregten Stimmen durcheinander. Wendula schüttelt in schweren Gedanken den Kopf. Sie kann es nicht fassen.

„Kurfürst Johann Friedrich und Landgraf Philipp? – Die beiden mächtigen Führer des Schmalkaldischen Bundes! Beide gefangen –

beide in Kaisers Hand? Dann gnade Gott uns Protestanten im Deutschen Reich!"

Leise und fast stöhnend flüstern es ihre Lippen.

Aber die umstehenden schütteln ungläubig die Köpfe.

„Es wird eine falsche Nachricht sein, Ihr Leute! Es tauchen hier immer wieder Gerüchte auf, die sich nachher als unwahr oder erfunden erweisen. Wir glauben es nicht! Der Fremde hat sich narren lassen!"

So beruhigen sie sich gegenseitig und streben dann schnell dem Kirchlein zu, denn das Glockenläuten ist allmählich verstummt.

Der Fremde nickt vor sich hin.

„Die Zukunft wird es Euch lehren", sagt er leise und nimmt müde seinen Wanderstab wieder zur Hand.

Wendula sieht ihn an.

„Kommt mit in die Kirche, Mann. Ihr schaut aus, wie einer, der des Trostes bedarf."

Der Fremde steht unschlüssig da, während sie vom Pferd steigt und ihrem Knappen die Zügel gibt. Dann steigt Wendula langsam die Stufen zum Kirchenportal empor.

Kühle Dämmerung empfängt sie, obwohl draußen die Sonne immer heller und wärmer brennt. An dieses grüne Dämmerlicht, das von den dunklen Schatten der Bäume vor den schmalen, hohen Kirchenfenstern herrührt, muß sich ihr Auge erst allmählich gewöhnen. Auf der linken Seite der schlichten Holzkirche, wo das verehrte, alte Kruzifix hängt, nimmt Wendula auf einer der Holzbänke Platz. Leise und feierlich schweben die Töne der Orgel durch die Tiefe des Raumes. Dann schweigen sie. Der greise Prediger tritt auf die Stufen des Altars, die schwere Lutherbibel in der Hand. Und mit klarer, tiefer Stimme liest er den Text, über den er heute sprechen will: Hebräer 10,39:

„Wir aber sind nicht von denen, die da weichen!"

Die Kirche ist bis auf den letzten Platz besetzt. Denn die Gemeinde liebt und verehrt ihren Pastor unendlich, der sie schon vier Jahrzehnte betreut hat. Auch führt die Not der Zeit und der damit verbundene Hunger der Seelen die Menschen näher und enger zusammen und läßt sie Gott mehr suchen als in den Tagen sorglosen und ungetrübten Dahinlebens. Das Feuer der Not schmiedet fester als sonst irgendein Kitt dieser Erde.

Stille und Sommersonne ist um das ehrwürdige Gotteshaus. Nur die Bienen summen unablässig in den uralten, blühenden Linden vor dem Portal.

Wieder setzt drinnen leise die Orgel ein. Der greise Prediger reicht seiner Gemeinde das Abendmahl in beiderlei Gestalt.

Wendula kniet mit den anderen vor den Stufen des Altars, das Haupt tief gesenkt, die Hände still über der Brust gefaltet.

Da läßt plötzlich ein erschütterndes Dröhnen die Andächtigen emporfahren. Woher kommt dieses Rasseln und Dröhnen? Wie von hundert galoppierenden Pferdehufen, – wie von hundert klirrenden Waffen und Rüstungen! Die Kirchentür wird aufgerissen, – Lanzen und Schwerter blitzen im goldenen Schein der Sommersonne.

Ein Schrei geht durch die Kirche:

„Die Kaiserlichen sind da, heiliger Gott!"

Aber ehe sie sich noch besinnen oder fliehen können, ist die Kirche umzingelt.

Der greise Prediger, der vor dem Altar steht und den silbernen Kelch in der Hand hält, hebt ruhig und gelassen das stille, gütige Gesicht und gebietet seinen verängstigten und erschrockenen Gemeindekindern Schweigen.

„Seid ruhig, Ihr Lieben, und fürchtet Euch nicht! Ich werde mit dem Anführer reden. Denkt daran, was Ihr eben gehört habt: ‚Wir aber sind nicht von denen, die da weichen'!"

Den breiten Mittelweg zwischen den Bänken, der vom Portal zum Altar führt, kommt hoch und stolz mit klirrenden Sporen der Hauptmann geschritten. Er ist ein Deutscher, obwohl sich viele Spanier bei seiner Truppe befinden. Direkt vor dem Altar bleibt er stehen und herrscht den Geistlichen an:

„Weißt Du es denn nicht, daß es verboten ist, das Abendmahl in beiderlei Gestalt zu reichen? Daß der Kaiser jeden schwer bestraft, der diesem Verbot zuwiderhandelt? Weißt Du nicht, daß Widersetzlichkeit gegen das Interim Dich um Amt und Würde bringen kann?"

Mit beiden Händen hält der Prediger den Kelch umklammert. Klar und furchtlos sehen seine Augen dem Hauptmann entgegen.

„Wir hängen treu an Doktor Luthers Lehre und Glauben, Herr Hauptmann. Und lassen nicht davon ab, im Leben und im Sterben. Der Kaiser hat uns einst freie Ausübung unserer Religion erlaubt, als Doktor Luther noch lebte."

Voll und deutlich hallen seine Worte in der tiefen Stille der Kirche. Denn niemand wagt, sich zu rühren oder etwas zu sagen.

Der Hauptmann stampft mit dem Stiefel auf den Steinboden, daß es klirrt.

„Seit dem Interim ist das anders geworden, das weißt Du ganz genau. Und nun liefere uns den Kelch aus und die Bibel dazu, sonst müssen wir Gewalt anwenden, das Gotteshaus schließen und der Gemeinde einen katholischen Priester senden."

Er steht hart vor dem greisen Prediger. Den Säbel hat er aus der Scheide gerissen und seine Augen funkeln vor Zorn. Der alte Mann setzt den Kelch still auf den Altar zurück. Dann sagt er schlicht:

„Ich will im Gotteshaus keinen blutigen Kampf heraufbeschwören. Auch ist hier nicht der Platz, um mit Euch zu streiten. Sagt, was muß ich tun, daß Ihr meine Gemeinde unbehelligt und in Frieden gehen laßt?"

Der Hauptmann ist durch das ruhige, ernste Verhalten des Greises ein wenig besänftigt worden.

„Du hast uns nur zu folgen, Pfaffe. Denn Du bist unser Gefangener. Wir haben Befehl, alle protestantischen Prediger, die wir entdecken, davonzutreiben, sofern sie nicht ihrem neuen Glauben abschwören und in den Schoß der allein seligmachenden katholischen Kirche zurückkehren. Also, – Du hast die Wahl!"

Still und ernst hat der alte Mann zugehört. Eine große Traurigkeit ist in seinem Gesicht.

„So muß ich Euch denn folgen, Herr Hauptmann. Aber erlaubt zuvor, daß ich Abschied nehmen darf von meiner Gemeinde, die ich vierzig Jahre lang betreuen durfte."

„Und Du meinst, ich soll dann das Gewinsel und Wehklagen hier mit anhören? Davon kann keine Rede sein. Du bist unser Gefangener und folgst uns sofort. Oder ich gebe meinen Leuten Euer Städtchen zur Plünderung preis."

Er lacht roh und winkt etlichen Soldaten. Die treten zum Altar und binden dem Prediger die Hände mit festen Stricken. Dann stoßen sie ihn zum Kirchlein hinaus.

Ein Aufweinen geht durch die Gemeinde, und die Männer ballen ihre Fäuste. Aber sie wissen, jeder Widerstand würde hier vergeblich sein. Denn in zehnfacher Übermacht stehen die Kaiserlichen draußen um die Kirche.

Der alte Prediger geht nicht bedrückt und mit gesenktem Haupt wie ein Besiegter. Er schreitet gerade und aufrecht, den Kopf frei und stolz gehoben. Und seine Augen sehen klar und groß über seine Gemeindekinder fort. Laut hören sie es alle, was er im Hinausschreiten noch einmal zu ihnen spricht:

„Fürchtet Euch nicht vor denen, die den Leib töten und die Seele nicht mögen töten. Fürchtet Euch aber vielmehr von dem, der Leib und Seele verderben mag in die Hölle! Wir sollen Gott mehr gehorchen denn den Menschen. Fürchtet Euch nicht!"

Da brüllt der Hauptmann voll Zorn dazwischen:

„Halt's Maul, törichter Pfaff! Hab' ich Dir nicht das Reden verboten? Und heda, ihr Leute, einer von Euch bringt mir den Kelch und die kätzerische Bibel sofort auf's Rathaus. Meine Soldaten sind zu müde, weil sie die ganze Nacht geritten sind."

Und wirklich hatten sich die Soldaten alle draußen vor der Kirche im Grünen gelagert. Der stille Grasplatz, der erst in feierlicher Sonntagsruhe gelegen hatte, war jetzt voll vom Gewimmel schreiender, fluchender Söldner, die ihre Pferde absattelten und ein Feuer entzündeten, um abzukochen. Ein Gejohle entstand, als der gefesselte Prediger vorübergeführt wurde zum Rathaus.

Langsam begann die Kirche sich zu leeren. Scheu und verstohlen schlichen die Protestanten an den Häusern entlang, sich ängstlich nach allen Seiten umsehend. Nur einige beherzte Männer und auch Wendula waren noch in der Kirche geblieben. Die Männer hatten die Fäuste geballt.

„Und das muß man schweigend mit ansehen und darf sich nicht wehren? Kätzer muß man sich beschimpfen lassen, nur weil man das reine Gotteswort hören will?“

„Psst!“, mahnte ein anderer und legte den Finger auf die Lippen, „Ihr dürft nicht so laut sprechen, die Kaiserlichen sind rings um die Kirche. Und den Kelch und die Bibel sollen wir noch auf das Rathaus bringen!“

Da tritt Wendula einige Schritte vor. Schützend stellt sie sich mit ausgebreiteten Armen vor den Altar.

„Die Bibel und den Kelch rührt keiner an! Oder meint Ihr, wir wollen ihnen unser Heiligstes ausliefern?“

„Um Gottes Willen, Starnfelserin, was habt Ihr im Sinn? Wenn wir ihnen nicht gehorsam sind, zünden sie uns die Häuser über unseren

Köpfen an! Sie haben es überall so getan, wo man ihnen nicht gehorcht hat!"

Wendula holt ihren blauen Mantel, den sie vor dem Abendmahl über eine der Banklehnen gelegt hatte. Sie wirft ihn über ihre Schulter, daß er lang und wallend an ihr niederfließt. Dann greift sie nach Kelch und Bibel und will beides unter den Falten ihres Mantels verbergen. Aber es ist zu viel. Eines kann sie nur verstecken, ohne Verdacht zu erregen. Traurig sieht sie die Männer an.

„So müssen wir den Kelch hier lassen. Und ich meine, an dem goldenen Gefäß wird ihnen am meisten gelegen sein. Daß keiner von Euch ihn hüten und verbergen will, kann ich wohl verstehen, weil Ihr Frauen und Kinder habt. Ich aber habe ja nichts zu verlieren. Ich nehme die Bibel mit mir."

Sie schiebt das heilige Buch unter ihren Arm und versteckt es in den Falten ihres Mantels. Die anderen sehen sich ängstlich an.

„Ihr spielt mit Eurem Leben, Starnfelserin. Wenn der Hauptmann es erfährt, bestraft er Euch dafür!"

Sie schüttelt den blonden Kopf. In ihrem Gesicht steht ein fester Wille geschrieben.

„Es ist kein Spiel, was ich treibe, sondern heiliger Ernst, ihr Männer. Ich kann nicht das Wort Gottes, das Luther uns rein und unverfälscht als heiligstes Vermächtnis hinterlassen hat, in Feindeshand ausliefern. Ich muß es schützen, solange ich kann, und sei es mit meinem eigenen Leib. Ruft den Knappen, daß er mir das Pferd dicht zur Kirchentür führt. Ich reite jetzt heim zum Ulrichstein."

„Gott sei mit Euch, Starnfelserin! Denn dies ist ein kühnes Vorhaben. Überall müssen die Bibeln ausgeliefert werden, in Dorf und Stadt."

„Ich liefere keine aus!"

Und Wendulas Augen blitzen.

Dann reitet sie ruhig und zuversichtlich den steilen Bergkegel zum Ulrichstein empor.

*

Es ist wenige Tage später. Die Sommernacht steht schwül über den Bergen und Burgen des Hessenlandes. Sterne in unsagbarer Klarheit und Schönheit steigen hinter den Tannenwäldern der Bergkette empor. Nur manchmal zuckt ein Wetterleuchten ganz in der Ferne, und es ist dann, als ob das Dunkel des Horizontes jäh von tausend Fackeln erhellt würde. Oder ist es der Widerschein brennender Städte und Dörfer? Denn die Kaiserlichen und die Spanier kennen kein Erbarmen, und wer ihnen nicht gehorsam ist, dem wird der rote Hahn auf's Dach gepflanzt.

Wendula steht oben an der steinernen Mauer

des Burggartens unter der Linde, wo sie an stillen, warmen Sommerabenden so oft mit dem Vater gesessen war. Sie hat die Hände ineinander gelegt und sieht mit großen, ernsten Augen weit über das Tal.

Wo mag der Vater sein? Viele meinen, daß er mit Wilhelm von Kassel, Philipp's Sohn nach Württemberg gezogen sei. Genaues weiß sie ja nie in diesen unruhigen Kriegszeiten, wo es so schwer ist, eine sichere, glaubwürdige Nachricht zu bekommen.

Wendula lauscht in den stillen Abend hinaus, denn es ist ihr, als höre sie den Hufschlag eines Pferdes. Und dann kommen von der Brücke her gedämpfte Männerstimmen, die sie aber nicht verstehen kann. Dumpf hallen die Hufe des fremden Pferdes auf den Brückenbohlen. Oder ist es nicht fremd? Ist es von einem, den sie kennt? Hätte der Wächter ihn sonst herübergelassen, ohne ihre Erlaubnis?

Sie schüttelt noch erstaunt den Kopf und will sich gerade anschicken, in die Burg zurückzukehren, als sie die hölzerne Gartenpforte knarren hört. Da tritt sie schnell aus dem dunklen Schatten der alten Linde hervor, mitten in das helle Mondlicht, das wie Schnee auf den Wegen liegt. Sie sieht einen Ritter auf sich zukommen, der das Visier geschlossen hat. Aber sie kennt keine Furcht und fragt ihn:

„Was wollt Ihr von mir? Und wer seid Ihr?“

Sie fragt es kurz und ein wenig herrisch, weil es sie stört, daß ein Fremder ungefragt in ihren Burggarten eindringt. Langsam hebt er jetzt das Visier. Der Schein des Mondes fällt voll auf sein Gesicht. Da tritt sie einen Schritt zurück. Ein kaum merkbares Zittern ist in ihrer Stimme.

„Heinz Lüder! Wo kommt Ihr her?"

Er fährt mit der Hand durch die Luft.

„Das ist jetzt ohne Belang, Wendula! Das wichtigste seid jetzt Ihr. Denn ich komme, um Euch zu warnen!"

„Wovor, Heinz Lüder? Ich meine, ich bin nirgends sicherer als auf dem festen Ulrichstein."

Er atmet schwer.

„Die Kaiserlichen sind jetzt überall und es sind so viele Spanier unter ihnen, die meinen, Herren im Lande zu sein. Sie vor allem mißhandeln und zerstören unser Deutsches Reich, – die Deutsche Reichsfreiheit. Nun erfuhr ich voll entsetzen, daß die Spanier um den Vogelsberg herum bereits schon bis hierher vorgedrungen seien. Und weil Euer Vater mit seinen Männern nicht daheim ist, bekam ich die große Sorge, sie könnten Euch belästigen oder gar ein Leid antun. Deshalb ritt ich schnell von Ziegenhain hier herauf, um Euch zu warnen. Und um Euch zu bitten, daß Ihr flieht, ehe es zu spät ist."

In Wendulas Augen kommt ein tiefes, warmes Leuchten. Sie streckt ihm die Hand hin.

„Ich danke Euch, Heinz Lüder! Aber Ihr braucht um mich nicht besorgt zu sein. Was wollen sie einer einsamen Frau anhaben, die keine Güter besitzt und keine Schätze? Aber Ihr solltet Euch hüten, gestrenger Herr Obrist! Denn Euren Namen kennt jedes Kind in Hessen, und die Kaiserlichen wissen wohl, daß Ihr der treueste Gefolgsmann von Landgraf Philipp seid."

Er nickt.

„Darum kam ich auch so spät bei Nacht und ließ mein Visier herab. Ich bin auch unbekannte Wege geritten, durch Wälder und Schluchten und habe die Dörfer gemieden. Denn sie würden mich wohl gar zu gerne fangen, wie meinen armen Herrn, den Landgrafen."

Jetzt tritt er einen Schritt näher zu ihr heran. Seine Stimme ist finster. Und noch finsterer sein Blick.

„Habe ich nicht recht gehabt, Wendula? Ist es nicht schlimmer gekommen als wir es je gefürchtet und geahnt haben? Wo ist Euer Herrgott nun? Meint Ihr immer noch, daß er in Treue zu den Protestanten steht und ihnen hilft? Daß er den Unterdrückten beisteht, und denen, die verfolgt werden?"

Groß und klar sieht sie ihm in die Augen.

„Ja, Heinz Lüder, das meine ich immer noch.

Und wenn er uns bis an den Rand des Todes zwingt, – ja bis in den Tod hinein, – ich will und darf nicht an ihm irre werden. Denn er hat heilige Absichten mit uns, die wir heute noch nicht verstehen können."

Er schüttelt den Kopf.

„Ich kann das nicht so glauben wie Ihr, Wendula. Alles in mir empört sich dagegen. Warum muß es gerade den Protestanten, die bis aufs Blut kämpfen um sein reines Wort, – warum muß es gerade denen so schlecht gehen? Denkt an Ingolstadt! Denkt an Mühlberg! Denkt an den frommen Kurfürsten Johann Friedrich von Sachsen! Und nun mein armer Landgraf Philipp! Der so voll von gläubigem Vertrauen zum Kaiser ging, um Abbitte zu tun. Weil man ihm seine Freiheit zugesagt hatte. Und dennoch ließ ihn der Kaiser in Halle gefangen nehmen."

Wendula sieht ernst und nachdenklich vor sich hin. Dann sagt sie leise:

„Es muß hinter all diesen düsteren Wolken dennoch eine Sonne stehen. Es muß hinter all dem Schweren, was wir heute noch nicht fassen können, ein Sinn und ein Zweck liegen, weil Gott es sonst nicht zugelassen hätte. Ich muß immer an das Psalmwort denken:

Seid getrost und unverzagt alle,
die ihr des Herrn harret!"

Heinz Lüder lacht auf. Seine Stimme klingt fremd und hart und läßt sie zusammenfahren.

„Wendula, wenn ich an einen Teufel glaubte, so müßte ich erkennen, daß er jetzt ganz allein die Welt regiert. Er verhöhnt und verspottet uns und kümmert sich einen Dreck um Luther's Vermächtnis."

Sie nickt ernst.

„Groß Macht und viel List sein grausam Rüstung ist, auf Erd ist nicht seinsgleichen."

Der Obrist nimmt den schweren Helm ab und setzt sich auf die Bank unter der Linde.

„Ist es wahr, daß man Euren greisen Prediger unten in der Stadt gefangen genommen und fortgeführt hat?"

„Ja, am letzten Sonntag. Ich war auch dort unten zum heiligen Abendmahl. Er sollte die Bibel ausliefern und den Kelch. Das wollte er nicht. Die Bibel habe ich dann mit mir genommen, hierher auf den Ulrichstein. Nun mögen sie kommen und danach suchen."

Er wiegt den Kopf.

„Das war ein leichtfertiges Unterfangen, Wendula. Wenn Euch nun einer verrät?"

Sie schüttelt den Kopf.

„Mich wird niemand verraten, Heinz Lüder. Und Ihr wißt es ja, ich habe mich noch nie gefürchtet. Denn ich stehe überall in Gottes Hand. Aber nun kommt hinauf in die Halle, ich werde Euch ein Abendbrot richten. Es ist spät und der Weg von Ziegenhain war weit."

Er steht langsam auf.

„Ich habe nicht mehr viel Zeit, Wendula. Ich muß bald wieder zurück und wollte nur nach Euch schauen, ob es Euch auch gut ergeht, und die Spanier Euch kein Leid angetan haben. Ich wollte Euch den Vorschlag machen, ob es nicht besser wäre, wenn Ihr hinabkommt in eine befestigte und sichere Stadt!"

Sie ist ihm schon vorausgegangen zur kleinen Gartenpforte. Nun wendet sie sich halb zurück.

„Es ist meine Pflicht, auf dem Ulrichstein zu bleiben, Heinz Lüder. Gerade jetzt, wo der Vater fort ist. Nach den Mägden und Knechten muß ich sehen, daß sie die Ernte gut hereinbringen. Der Vater verläßt sich auf mich, da darf ich den Ulrichstein nicht verlassen."

Oben in der Halle zündet Wendula zwei Kerzen an, denn die Fackeln sind schon erloschen. Dann stellt sie selbst ein Vesper für den Gast auf den Eichentisch, denn die Mägde schlafen schon. Heinz Lüder hat sich niedergesetzt. Mit langen durstigen Zügen trinkt er den großen Humpen leer. Sie sitzt ihm gegenüber und reicht ihm die kalten Speisen. Im leisen Luftzug, der durch das offene Fenster kommt, flackern die Kerzen auf dem dunklen Tisch. Auf der Anrichte blinken die zinnernen Becher und Kannen im Mondlicht.

Eine Weile ist Schweigen zwischen ihnen, dann sagt Heinz Lüder plötzlich:

„Und wenn sie nun kommen und die Bibel von Euch fordern werden, Wendula?"

„Die können sie nicht finden, ich versteckte sie gut."

„Und wenn sie Euch zur Herausgabe zwingen?"

Sie zuckt die Achseln.

„Ich habe Euch schon einmal gesagt, Heinz Lüder, daß ich mir keine Gedanken darum mache. Wozu sich unnötig sorgen? Es nützt zu nichts. Hat Luther uns nicht gesagt: ‚Furcht tut nichts Gutes, sondern in allen Dingen sollen wir frei und mutig sein'!"

Aus der Stille der Nacht klingt Stimmengewirr und Pferdetrappeln von draußen herein, das immer näher kommt und immer lauter anschwillt. Wendula beugt sich aus dem Fenster und lauscht.

„Sollten die Spanier zu feige gewesen sein, am hellen Tage den Ulrichstein zu besteigen, daß sie nun in dunkler Nacht zu mir heraufkommen müssen? Das scheint ihnen gleich zu sehen. Aber der Wächter wird niemand hereinlassen, wenn es Feinde sind."

Da klingt es laut und herrisch durch die lautlose Sommernacht:

„Im Namen des Kaisers befehle ich Euch, das Tor zu öffnen. Wenn Ihr Euch weigert, werfen wir Feuer in die Burg."

Weinerlich antwortet der Wächter:

„Ich muß erst die Herrin fragen. Aber Frau Wendula wird schon schlafen."

„Sie schläft noch nicht, du Narr, denn es ist noch Licht in der Halle."

Da rasselt langsam die schwere Zugbrücke herab, Pferdehufe dröhnen auf den hölzernen Bohlen. Der Burghof füllt sich mit Söldnern, an ihrer Spitze der herrische Hauptmann.

Heinz Lüder ist aufgesprungen.

„Verfluchtes Pack. Was wollen sie zu so später Stunde noch hier? Schnell, schnell, Ihr müßt Euch verstecken, ehe sie heraufkommen!"

Wendula legt die Hand an die Stirn, blitzschnell jagen sich ihre Gedanken.

„Ich verberge mich nicht. Ich will ihnen Rede und Antwort stehen, wie es sich gehört. Aber Ihr seid bewaffnet, und Ihr seid im ganzen Land bekannt als grimmigster Feind der Kaiserlichen. Ihr dürft ihnen nicht in die Hände fallen."

Sie öffnet rasch eine kleine Seitentür neben dem Kamin.

„Hier müßt Ihr Euch verbergen, denn sie sind in der Überzahl."

Heinz Lüder lacht grimmig.

„Ich soll mich verstecken und Ihr wollt ihnen entgegentreten? Das wäre ein feines Spiel! Da kennt Ihr Heinz Lüder schlecht, Wendula!"

Schon hört man den Hauptmann die Treppe heraufpoltern.

„Heinz Lüder, denkt an unseren Landgrafen

Philipp und an Hessen! Dafür sollt und müßt Ihr frei und am Leben bleiben. Denkt nicht an mich jetzt. Denn ich bin nur eine Frau unter vielen, die dem Hessenland wenig nützlich sein kann. Nicht mir gehört Euer Schwert, sondern dem Land! Mir kann niemand etwas zuleide tun, wenn Gott es nicht will. Es wäre sinnlos, wenn Ihr als einzelner Euch der großen Übermacht hier entgegenstellen wolltet. Wir Frauen können oft durch kluges Reden einen Mann umbiegen. Ich werde schon fertig werden mit ihm."

„Und wenn Ihr in Not kommt?"

„Dann rufe ich."

Und sie drängt und schiebt ihn durch die schmale Tür, die direkt neben dem Kamin in die Wand gelassen ist. Sie hat sie gerade hinter ihm geschlossen, als klirrenden Schrittes und mit Gepolter der kaiserliche Hauptmann zum Hauptportal hereinkommt.

Hoch und aufrecht hinter dem Eichentisch stehend, erwartet ihn Wendula.

Die beiden Kerzen in den hohen, steilen Messingleuchtern werfen nur einen matten Schein. Aber der Mond fällt groß und voll durch die weit offenen, spitzbogigen Fenster.

Söldnerscharen drängen hinter dem Anführer her in den Saal.

Der Hauptmann stutzt ein wenig, als er Wendula so ernst und regungslos, ohne ein Zeichen von Furcht, am Tisch stehen sieht. Dann strafft er sich.

„Wir stehen hier im Namen des Kaisers, da uns ein Gerücht zu Ohren kam."

Wie aus Stein ist Wendulas Angesicht.

„Seit wann kommen Kaiser Karls Abgesandte mitten in der Nacht mit ihrem Anliegen zu uns?"

Der Hauptmann sieht sich ein wenig verwirrt rings um.

„Seid Ihr allein?"

Sie zuckt die Achseln.

„Wie Ihr ja sehen könnt. Sonst ist es Euch auch unbenommen, eine Kerze zu nehmen und in die Winkel zu leuchten. Was wünscht Ihr?"

Er zerrt an den langen Enden seines niederhängenden Bartes und geht einen Schritt vor.

„Es ist mir gemeldet worden, daß Ihr die Bibel vom Altar in der Stadtkirche unten geraubt und verborgen habt. Gebt sie heraus, und wir lassen Euch unbehelligt."

Ihr Gesicht ist ruhig und klar wie vorher.

„Die Bibel habe ich aufbewahrt, bis eine bessere Zeit für uns Protestanten gekommen sein wird. Ich will sie nicht ausliefern, denn sie ist unser heiligstes Gut."

Sein Gesicht ist voll Zorn. Er stampft auf den Boden, daß es klirrt.

„Bei allen Heiligen! Ihr seid sehr kühn, Frau Wendula. Das ist offener Ungehorsam gegen

Kaiser und Papst. Ihr wißt, daß die alte Kirche mit Waffengewalt wieder hergestellt werden soll."

„In Dingen des Glaubens ist Waffengewalt nicht gut. Der Kaiser sollte zu anderen Mitteln greifen."

„Der Zweck heiligt die Mittel! Und jede Widersetzlichkeit gegen das kaiserliche Gebot bestrafen wir aufs Schwerste. Also gebt das Buch heraus, – es ist ein Leichtes für Euch. Sonst dürft Ihr Euch nicht wundern, wenn wir alle Nachsicht fahren lassen und die Burg Ulrichstein unseren Zorn zu spüren bekommt."

Wendula denkt einen Augenblick nach.

Dann macht sie eine einladende Bewegung mit der Hand.

„Wollen die Herren sich erst einmal an meinem Tisch gütlich tun? Ihr seht ja, es ist schon aufgedeckt für Euch. Ich habe noch mehr Humpen und etliche Kannen Wein."

Der Hauptmann reibt sich schmunzelnd die Hände. Das hatte er doch nicht erwartet. Gerade will er sich mit seinen Kumpanen am Tisch niederlassen, als die schmale Seitentür am Kamin aufgeht und Heinz Lüder groß und gewaltig vor den Kaiserlichen steht. In seinen Augen flammt der Zorn. Er hat das Schwert in der Faust.

Barsch herrscht er die verdutzten Eindringlinge an:

„Kennt Ihr mich? He? Ich bin der Obrist Heinz Lüder, des Landgrafen Philipp rechte Hand. Auf der Stelle schert Ihr Euch hier von der Burg Ulrichstein, oder ich wecke meine Männer, die unten in der Burg und im Pferdestall schlafen. Wieviele seid Ihr?"

Und er tritt rasch ans Fenster und schaut in den Hof hinunter.

„Aha, Ihr seid also alle hier oben! Damit sind wir Euch an Zahl weit überlegen. Ihr seid gut in die Mausefalle gegangen."

Der Hauptmann, der sich gerade so recht behaglich an den Tisch setzen wollte, ist emporgeschnellt.

„Der Obrist Lüder selber? Bei allen Heiligen, wie kommt Ihr hierher? Meine Leute hatten erkundet, daß Ihr nördlich von Ziegenhain steht."

„Bei Gott, es ist der Obrist Lüder! Ich erkenne ihn an der Narbe über der Stirn!"

„Und ich an der linken Hand, wo ihm zwei Finger fehlen. Stand ihm schon bei Ingolstadt gegenüber."

Unruhig rücken die Kaiserlichen zusammen und sehen sich nach der Tür um.

Ein scheues Murmeln ist unter ihnen.

„Wer den Lüder einmal gesehen hat, vergißt ihn nicht so schnell wieder. Kommt, Ihr Männer, ehe er seine Leute zusammentrommelt."

Der Hauptmann steht breitbeinig und unschlüssig vor dem Tisch. Er schielt nach der vollen Weinkanne auf der Anrichte. Aber seine Kumpane lassen ihm keine Zeit zum Besinnen.

„Kommt, Hauptmann! Wo der Lüder zupackt, wächst kein Gras mehr. Wem sein Leben lieb ist, der mache, daß er auf sein Pferd kommt!“

Und die ersten stolpern schon ängstlich die Treppe hinunter. Der Hauptmann sieht zu Wendula hinüber.

„Ja, aber das Buch! Ihr solltet doch zuvor die Bibel ausliefern.“

Heinz Lüder legt zwei Finger an den Mund, wie man es tut, um einen schrillen Pfiff zu erzeugen.

„Wenn Ihr nicht augenblicklich den Saal verlaßt und die Burg, pfeife ich meine Leute zusammen. Dann gnade Euch Gott!“

Dem Hauptmann läuft es kalt den Rücken hinunter. Er sieht seine Söldner davonhasten, sieht sich allein dem mächtigen Hüter des Hessenlandes gegenüber. Da macht auch er schnell kehrt und rennt mit den anderen die Treppe hinunter. Und dann hört man sie in gestrecktem Galopp über die Zugbrücke jagen und weiter den gewundenen Bergweg hinab.

Heinz Lüder hat sich aus dem Fenster gelehnt, und lacht und lacht. Wendula ist auf einen Stuhl gesunken, so sehr zittern ihr die Knie.

Die Kerzen sind weit heruntergebrannt und der Mond ist hinter den Bergen versunken. Ein heller Streifen im Osten verkündet schon den neuen Tag. Da kommt Heinz Lüder langsam vom Fenster her auf Wendula zu.

„Ihr seht bleich aus, Herrin. Nun habt Ihr wohl doch noch Furcht gehabt?"

Sie sieht nicht zu ihm auf. Aber ihre Stimme zittert, als sie jetzt leise sagt:

„Ihr habt um Tod und Leben gespielt, Heinz Lüder. Wenn sie nun Eure List gemerkt und Euch gefangen genommen hätten?"

„Ich spiele immer um Tod und Leben, Wendula. Das ist uns Soldaten eigen, vom Schlachtfeld her."

Sie preßt die Hände zusammen. Denn die Angst der letzten Minuten ist noch zu stark in ihr.

„Warum seid Ihr nicht hinter der Tür geblieben, wie ich Euch bat?"

Jetzt beugt er sich zu ihr hinunter. Seine Stimme ist weich.

„Meint Ihr, Wendula, daß ich in einem sicheren Versteck sitzen will, während Ihr von fremden Kriegsknechten bedroht werdet?"

„Sie hätten Euch töten oder gefangen nehmen können, Heinz Lüder, und ich hätte es nicht verhindern können. Denn die wenigen Männer, die noch hier auf der Burg sind, hätten uns beiden nicht viel helfen können."

„Das wußte ich, Wendula. Eben darum mußte ich uns beiden selber helfen. Und Ihr seht ja, daß es schnell und ohne Blutvergießen ging. Hei, wie sie liefen!“

Und wieder muß er lachen.

Aber in Wendulas Augen steigen Tränen, die ihr langsam über die Wangen laufen.

Er sieht es und nimmt erschrocken ihre Hände.

„Ihr habt doch Angst gehabt, liebe Wendula? Ich denke, Ihr kennt keine Furcht?“

Sie preßt die Lippen zusammen, dann sagt sie leise:

„Um mich nicht, weiß Gott! Aber um Euch habe ich Angst gehabt.“

Er zieht ihre Hände an seine Lippen und sagt dann leise, – und es ist ein seeliges Schwingen in seiner Stimme:

„Um mich hat sonst noch niemand Angst gehabt oder Sorge. Vom tollen Lüder meinte jeder, daß er nicht vergehen kann, wie das Unkraut. Nun ist ein Licht in meiner armen, dunklen Seele, weil Ihr so voll Güte zu mir seid. Ich will das nie vergessen.“

Im Osten wird der Schein immer heller. Ein frischer Morgenwind bewegt die Baumwipfel vor den Fenstern. Hier und da tönen zaghaft die ersten Vogelstimmen. Er hält immer noch ihre Hände in den Seinen.

„Ich habe viel Kummer gehabt in den letzten

Monaten. Und bin schier verzweifelt an allem. Und daß man meinen Landgrafen nun auch noch gefangen nahm! Ach, ich hatte ihn so dringend davor gewarnt, zum Kaiser zu gehen! Es regiert nur noch Falschheit und Hinterlist, seit soviele fremde Kriegsheere unser Deutschland überfluten. Hätte mein armer Landesherr nur auf mich gehört! Aber die anderen Fürsten rieten ihm auch dazu, um den Kaiser gnädig zu stimmen. Moritz von Sachsen und Joachim von Brandenburg hatten ihm heilig versprochen, daß er gleich nach geschehener Abbitte wieder heimkehren dürfe. Wie hat mein edler Herr mit sich selber gekämpft, was er tun sollte! Aber er meinte, es wäre für sein Land das Beste, wenn er mit dem Kaiser Frieden machte. Und so ging er den schweren Gang, – im Vertrauen auf seinen Gott, – im Vertrauen auf Fürstenwort. Aber nichts hat Stand gehalten. Alle haben ihn verlassen, – alle! ! !“

Heinz Lüder preßt die Lippen zusammen, um seine mächtige Erregung zu verbergen.

Wendula sitzt ganz still. Sie hat den Kopf tief gesenkt. Es ist eine Not in ihr, weil sie für ihn keinen Trost weiß. Denn das, was ihr als ferner Hoffnungsschimmer durch alle Wolkennacht immer wieder tröstlich leuchtet, das gilt ihm ja nichts: der Glaube.

Heinz Lüder atmet tief und meint sorgenvoll: „Nun ist Hessen verwaist und brauchte doch gerade in dieser schweren Zeit eine starke Hand. Denn Wilhelm von Kassel ist nicht das, was sein Vater war. Und nun müssen die beiden gefangenen Fürsten unter strenger Bewachung mit dem Kaiser auf seinen Reisen herumziehen und wir sind zu schwach, um ihnen helfen zu können. Wir müssen ohnmächtig zusehen, wie man mit unseren Landesherren verfährt. Und da sagt Ihr noch, es sei ein Gott im Himmel, der die Gerechtigkeit will! Warum kommt er nicht? Warum hilft er nicht? Warum schlägt er nicht drein?"

Wendula hat ihre Hände sanft aus den Seinen gelöst und ist aufgestanden.

„Es muß wohl so sein", sagt sie leise, „damit wir Geduld lernen. Denn es steht immer wieder geschrieben, daß wir ausharren sollen. Aber auch hoffen und uns nicht fürchten!"

Er lacht bitter auf.

„Hoffen und Harren macht manchen zum Narren."

Sie schüttelt den Kopf und sieht ihm groß und ernst in die Augen.

„Hoffnung läßt nicht zu Schanden werden, Heinz Lüder. Aber der Morgen graut, da seid Ihr hier nicht mehr sicher. Denn die Kaiserlichen werden bald herausbekommen, daß Ihr ganz allein hergeritten seid. Ihr müßt nun wohl eilig zurück nach Ziegenhain."

Er nickt.

„Das muß ich, Wendula. Denn ich muß treu verwalten, was mein Herr und Landgraf mir zurückgelassen hat. Wenn er einst heim kommt, soll er nicht sagen: Heinz Lüder hat seine Pflicht vergessen.“

Er rückt seine Rüstung zurecht und greift nach seinem Helm.

Wendula meint traurig:

„Es sollen schon viele Städte den Kaiserlichen die Tore geöffnet und voll Angst die Schlüssel ausgeliefert haben. Auch hier bei uns im Hessenland.“

Er hat die Stirn gefurcht.

„Ja, leider Gottes! Sehr viele Städte und Burgen schon. Sie sind mutlos geworden durch all die schweren Niederlagen, Schlag auf Schlag. Aber Ziegenhain steht und fällt mit mir. Unsere größte Streitmacht habe ich in der Stadt zusammengezogen. Wer Ziegenhains Tore dem Feind öffnet, kann es nur über meine Leiche tun. Und wenn Ihr Euch hier nicht mehr sicher fühlt, Wendula, dann laßt mich rufen. Dann hole ich Euch in die festen Mauern dieser Stadt. Aber die Sonne geht auf, ich muß reiten.“

Noch einmal ruhen ihre Hände ineinander, noch einmal sieht sie ernst in sein zerfurchtes Gesicht, das schmal und braun unter dem Helm hervorschaut. In seinen stählernen, blauen Augen ist ein starker Glanz und ein Trotz, der auch dem Tod ins Angesicht lacht.

Fest, fest spürt sie seinen Händedruck bis ins tiefste Herz. Sie möchte ihm so gerne noch etwas sagen, aber sie kann das rechte Wort nicht finden.

Er preßt die Lippen zusammen, und dann steigt er schweren Schrittes die Wendeltreppe hinunter.

Ein einsamer Reiter trabt in das frühe Morgenrot hinaus.

*

Vier schwere Kriegsjahre sind über Deutschland dahingegangen. Mit eiserner Faust hat Kaiser Karl immer und immer wieder versucht, den Protestantismus niederzuzwingen. Seine Spanier, die er zu diesem Zweck in immer größeren Scharen herangezogen hatte, haben das Land ausgesogen und die Bewohner mißhandelt, die Felder zerstört und die Ortschaften geplündert. Schwerste Strafen haben sie über die eroberten Städte verhängt. Zu Hunderten die evangelischen Prediger davongejagt, und den katholischen Glauben mit Zwang in vielen Kirchen wieder eingeführt.

In Hessen haben die Spanier die schönsten und größten Festungen und die meisten Städte erobert. Das Volk ist eingeschüchtert und weiß nicht, wie es sich verhalten soll. Überall

Fremdherrschaft, Zwang, zerstörte Felder.

Aber es ist einer in Hessen, der sich nicht ergeben hat. Einer steht hinter den zerschossenen Mauern von Ziegenhain und verweigert trutzig die Übergabe.

Das ist Heinz Lüder. Sein Name ist weit über die Grenzen des Hessenlandes hinaus bekannt geworden. Der Kaiser hat ihn gebannt und für vogelfrei erklärt. Wer ihn findet, kann ihn totschlagen wie einen tollwütigen Hund. Aber niemand findet Heinz Lüder. Er ist bald hier, – bald dort. Er ist immer da, wo die Feinde es am wenigsten vermuten.

Auch die Stadt Magdeburg hält treu an der evangelischen Lehre fest. Sie läßt sich nicht einschüchtern von den spanischen Horten, sondern hält ihre Tore verschlossen gegen jeden Feind. Darum soll des Reiches Acht an ihr vollzogen werden, womit der Kaiser den Kurfürsten Moritz von Sachsen beauftragt hat. Aber Magdeburg ist sehr stark und wohlversehen mit allem Bedarf. Gewaltig und wie ein Hort des Protestantismus ragt diese Stadt aus der jammervollen Zerrissenheit und Zerschundenheit des Deutschen Reiches empor. Und alle Evangelischen sehen mit Zittern und Zagen auf diese Stadt, die noch das einzige Bollwerk ihres Glaubens ist. Wenn Magdeburg fällt, dann ist auch die evangelische Sache in Deutschland für immer verloren.

Und nun zieht mit seinem gewaltigen Heer Kurfürst Moritz im Auftrag des Kaisers gegen diese Stadt. Eine schwere, schwere Belagerung Magdeburgs beginnt. Und Deutschland zittert.

Es war der Höhepunkt in der gewaltigen Not des evangelischen Glaubenskampfes.

*

Herbststürme pfeifen über das gelbbraune Wasser der Elbe. Trutzig ragen die Mauern der Stadt Magdeburg in den grauen Oktoberhimmel. Endlos sind die Zeltreihen des gewaltigen Heerlagers der Sachsen. Wie mit einem eisernen Ring haben sie die Festung Magdeburg umschlossen. Direkt am Ufer der Elbe steht das große geräumige Zelt des Kurfürsten. Pfeifend fährt der Wind, der über die weite Ebene kommt, durch die langen Zeltreihen. Der Kurfürst geht unruhig in seinem geräumigen Zelt auf und ab. Er wartet auf den Abgesandten, den er zu Kaiser Karl geschickt hat. Er kann täglich eintreffen, und der Kurfürst ist voll Sorge wegen der Botschaft, die er ihm bringen wird.

Der Oktoberabend ist kühl und die Söldner murren, weil sie vor den befestigten Toren der Stadt Magdeburg so lange still liegen müssen. Man hatte es sich leichter vorgestellt, weil alle anderen Städte des Deutschen Reiches sich schneller ergaben.

Der Kurfürst wirft sich den pelzverzierten offenen Mantel über und hebt den schweren Vorhang vor dem Zelteingang. Der Wind schlägt ihm ins Gesicht, dazu kalte, nadelscharfe Regentropfen. Fackeln brennen hier und da zwischen den dunklen Zeltreihen, leise gurgelt das Elbwasser unter morschen überhängenden Weiden. Fern ragen wie düstere Silhouetten die stolzen Türme von Magdeburg. Und dann kommt Leben in die Zeltgassen: Pferdegetrappel, Rufe, Kommandoworte. Der Bote ist zurückgekommen, den Kurfürst Moritz zum Kaiser gesandt hatte. Der Fürst hatte Befehl gegeben, daß man ihn unverzüglich zu ihm bringe. Er will und muß ihn sofort sprechen, und wenn es mitten in der Nacht ist.

Dann stehen der Bote, Graf Schulenburg und sein Begleiter, Günter Nordheim im Fürstenzelt vor ihrem Herrn. Ihre hohen Stulpenstiefel sind mit Dreck bespritzt, ihre Lederjacken naß vom Regen. Die Fackel in Kurfürst Moritz's Zelt flackert im Nachtwind, der durch alle Fugen dringt.

„Was bringt Ihr mir für Botschaft von Kaiser Karl? Ist er meiner Bitte nachgekommen und läßt Landgraf Philipp frei?“

Graf Schulenburg schüttelt den Kopf.

„Der Landgraf von Hessen soll in Haft bleiben, ebenso wie der Kurfürst Johann Friedrich von Sachsen. Denn des Kaisers Zorn ist nach wie vor sehr groß auf beide."

Moritz fährt mit der Rechten durch seinen langen schönen Bart.

„Einst hat der Kaiser mir zugesagt, daß Philipp kein Haar gekrümmt werden soll. Hätten wir ihm sonst zugeredet, nach Halle zu gehen? Der Kaiser wird sein Tun bereuen, wenn es zu spät ist. Und was haben die Herren in Sachsen gesagt, zu denen ich Euch noch um Beihilfe sandte?"

Nordheim und Schulenberg sehen sich an. Sie werden verlegen und schweigen.

Der Kurfürst stampft zornig mit dem Fuß auf!

„Heraus mit der Sprache! Ich will alles wissen."

„Aber Ihr dürft uns nicht dafür bestrafen, Herr, wenn wir offen vermelden, was man uns zur Antwort gab."

„Redet! Ich werde es Euch nicht büßen lassen. Aber die Wahrheit will ich hören."

Nordheim räuspert sich. Dann sagt er zögernd:

„Die protestantischen Herren aus Sachsen haben gemeint, sie könnten sich nicht mit einem Mann verbünden, der seinen Glauben einst verraten habe und sein ganzes Land dazu. Sie blieben ihrem Glauben treu und könnten nicht auf Seiten eines Kaisers kämpfen, der sein Land durch fremdes Kriegsvolk mißhandeln und verderben lasse."

Kurfürst Moritz ist blaß geworden, er hat den Kopf tief gesenkt. Die Herren sind verwundert, denn sie hatten befürchtet, daß er wegen der schlechten Nachricht zornig werden würde. Aber er schweigt. Nur mit der Hand macht er eine müde Bewegung. Sie sind entlassen.

Aber der Kurfürst kommt noch nicht zur Ruhe. Er geht in seinem Zelt auf und ab. Auf und ab. Und die Gedanken jagen sich in seinem Hirn und quälen ihn unsagbar. Was haben die protestantischen Herren aus Sachsen gesagt? Sie könnten sich nicht mit einem Verräter verbünden? Hat er das nicht schon lange gefühlt? An ihrem ganzen Verhalten, an seinem eigenen Gewissen. Haben sie nicht recht? Hat er nicht seinen Glauben verraten? Ist er nicht treulos geworden am Heiligsten? Um die Kurwürde zu erlangen, wurde er zum Verräter. Nun hassen und verachten ihn die Protestanten, und was am schlimmsten ist: auch seine eigenen Untertanen. Nun ist er Kurfürst geworden durch Verrat, aber er hat keine Freude daran. Nun hat er vom Kaiser zum Lohn des gefangenen Johann Friedrichs Land bekommen, aber seine neuen Untertanen wollen nichts von ihm wissen und wenden ihm verächtlich den Rücken zu. Gellend klingt es ihm in den Ohren, was vor ein paar Tagen noch einer höhnend zu ihm gesagt hatte:

„Unrecht Gut gedeihet nicht!"

Jeder im Land sehnt einzig die Rückkehr des geliebten Johann Friedrich herbei.

Unruhig und von seinem Gewissen geplagt, geht der Kurfürst die ganze Nacht auf und ab. Wenn Doktor Martin Luther das noch erlebt hätte! Der einem so eindringlich und glühend ins Gewissen reden konnte! Der immer so für Wahrheit und Lauterkeit war. Der ihm zum ersten Mal das Abendmahl in beiderlei Gestalt gereicht hatte. Kurfürst Moritz weiß noch heute die Worte, die Luther dabei gesagt hatte:

„Hüte dein Herz mit allem Fleiß, denn daraus gehet das Leben!"

Und nun hatte er alles verraten um schnöden Kriegsruhm und klingenden Kaiserlohn.

Aber sein Herz hat dabei keine Ruhe gefunden.

Was hat er gewonnen durch seine Tat? Nur die Verachtung aller Edlen im Lande. Dem katholischen Kaiser hat er den Rücken gestärkt, daß er die Protestanten noch mehr demütigen und unterdrücken kann. Der Kurfürst schaudert. Ein Windstoß rüttelt am Zelt, daß die Wände beben. Dumpf dröhnt der Schritt der Wachen draußen, die in der kalten Nacht auf und nieder gehen.

Was singt der Wind, der so unermüdlich mit

den schweren Zelttüchern spielt? Verräter! Verräter!

Was murren die Wellen der Elbe, die klatschend gegen die Uferwände schlagen? Verräter! Verräter!

Oh, in jeder Nacht hört er dasselbe, in jeder der langen, dunklen, unheimlichen Herbstnächte. Wenn man nicht schlafen kann und auf die anklagenden Stimmen des eigenen Gewissens lauschen muß. Kurfürst Moritz stöhnt. Und dann packt er den Kreuzgriff seines Schwertes und reckt es gen Himmel.

„Herr Gott! Ich will wieder gutmachen, ehe es zu spät ist!"

Wie ein Verzweiflungsschrei kommt es von seinen Lippen. Endlich, gegen Morgengrauen, findet Kurfürst Moritz einen unruhigen Schlaf.

*

Auf dem Wehrgang der breiten Stadtmauer von Ziegenhain steht Heinz Lüder. Durch die schmalen Schießscharten späht er angestrengt in das Dunkel vor ihm.

Kundschafter haben ihm gemeldet, daß neue Scharen von Kaiserlichen im Anmarsch sind. Manchen Angriff hat die Stadt schon abgeschlagen, manchen Sturm ausgehalten. Wird sie diesen auch noch bestehen können? Ihre

Vorräte sind erschöpft, die Einwohner ermattet und mutlos.

Haben sich nicht überall im Hessenland die Städte schon ergeben? Haben sie nicht dem Feind Tor und Tür geöffnet, um endlich Ruhe zu haben? Heinz Lüder knirscht mit den Zähnen. Und wenn ganz Hessen abfällt von seinem Landgrafen, Ziegenhain bleibt treu!

Es ist ihm nicht um den Glauben zu tun, denn was schiert einen Heinz Lüder Katholik oder Protestant? Es ist ihm um nichts weiter zu tun als um die Treue zu seinem Landesherrn. Wenn Landgraf Philipp sonst keinen findet, der den Mut hat, bei ihm zu bleiben, – Heinz Lüder hat um der Treue willen gelebt, – Heinz Lüder stirbt auch um der Treue willen.

In großer Übermacht sollen die Kaiserlichen sein, die jetzt heranrücken und die Streitkräfte auf den Mauern sind schwach und müde geworden in dieser langen, langen, Zeit!

Immernoch steht der Obrist an den Schießscharten und späht in die Ferne. Kalt und dunkel ist die Novembernacht, ohne Mond, ohne Sterne. Die Wachen sind an den Toren verstärkt worden, unermüdlich gehen die Posten auf den verdeckten Wehrgängen hin und her. Weit in der Ferne sieht man manchmal ein rotes Feuer auflodern. Das ist, wo Dörfer oder Burgen in Brand gesteckt wurden, die sich nicht gehorsam ergeben hatten. Rauch- und pulvergeschwärzt sind Heinz Lüders Hände und sein Gesicht. Er sieht nach den Büchsen und Geschützen, und ob alles in Stand und in Ordnung ist. Die Munition ist knapp geworden und er schüttelt oft besorgt den Kopf.

Ein junger Bursche, der gerade dabei ist, sein Geschütz zu reinigen, sieht jetzt von der Arbeit auf, als er den Obristen kommen hört.

„Heute sind wieder viele Flüchtlinge unterwegs gewesen. Auch an unseren Toren haben viele Einlaß begehrt. Das Elend ist gar groß in Hessen."

Heinz Lüder zuckt die Achseln.

„Wir können keine mehr hereinlassen. Die Stadt hat selbst kaum mehr genug zum Leben. Ich habe Befehl gegeben, daß sich kein Tor mehr einem Flüchtling öffnet."

Der andere nickt.

„Ist auch besser so, Herr. Gestern sind welche vom Ulrichstein hier gewesen. Den sollen die Kaiserlichen auch verbrannt haben."

Heinz Lüder fährt herum.

„Den Ulrichstein? Weißt Du das ganz sicher? Die Burg ist fest und das Feuer kann ihr nicht viel anhaben."

Er geht mit schweren wuchtigen Schritten den Wehrgang weiter. Dazwischen lauscht er immer wieder in die Nacht hinaus und seine Gedanken jagen verstört und in Unruhe durcheinander.

Wenn der Ulrichstein wirklich zerstört worden wäre? Wo ist dann Wendula geblieben? Haben sie ihr etwas angetan? Muß sie nun heimatlos in dieser kalten Novembernacht flüchten? Er preßt beide Fäuste gegen die Brust und starrt in das Dunkel hinaus. Wenn die Pflicht ihn hier nicht festhielte, er wüßte, was er täte! Seinen Rappen ließe er satteln und jagte zum Ulrichstein, um sich Gewißheit über ihr Schicksal zu verschaffen.

Zweimal geht er unruhig den dunklen Wehrgang um die Stadt ab. Es ist alles in Ordnung. Jeder steht auf seinem Posten.

Heinz Lüder denkt nach. Wenn er jetzt sofort losritte, könnte er vor Morgengrauen wieder zurücksein. Denn im November kommt der Morgen spät. Und die Feinde? Und Ziegenhain? Kann nicht ein einziger unachtsamer Augenblick genügen, um den Kaiserlichen einen Überfall zu ermöglichen?

Der Obrist stöhnt. Er zürnt mit sich selbst. Nimm dein Herz in beide Hände, Heinz Lüder, und sei hart! Denke nicht an die Frau, die du liebst, denn es ist Krieg. Und du sollst deinem Landgrafen die letzte Stadt verteidigen gegen einen übermächtigen Feind. Dich braucht Ziegenhain! Dich braucht Hessen! Dich braucht Philipp der Großmütige! Eigenes Wünschen und Sehnen muß ein Kriegsmann in der Seele tiefstem Grund verschließen.

Ach, liebe Wendula, wo magst du umherirren in dieser Nacht? Heimatlos, – obdachlos. Und ich kann dir nicht helfen.

Warum kamst du nicht zur rechten Zeit vom Ulrichstein herab? Ziegenhain hätte dir Schutz gewährt wie so vielen anderen. Wo bist du nun? Haben dir die wilden Horden dein Leben gelassen? Du warst so allein da oben, ohne deinen Vater, den Starnfelser. Du hattest niemand, der dich beschützte!

Hart klingt eine Trommel durch die Nacht. Sie lösen die Wachen am Nordtor ab. Über den Wehrgang wirft der Herbstwind trockenes Laub und dürre Äste von den Bäumen am Wallgraben. Dann steigt Heinz Lüder die Stufen hinab und geht in die Wachstube am Südtor. Seine Soldaten würfeln bei mattem Kerzenlicht. Der Älteste tritt auf den Obrist zu und meldet:

„Es waren wieder Flüchtlinge am Südtor, aber wir haben sie nicht hereingelassen, wie Ihr es befohlen habt."

Heinz Lüder setzt sich breitbeinig auf einen der groben Holzschemel, das Schwert zwischen den Knien, auf dessen breitem Kreuzgriff er ein wenig müde beide Arme stützt. Er hat den Kopf gesenkt und sieht nachdenklich vor sich hin.

„Es mag wohl sehr hart erscheinen, wenn wir die Tore jetzt vor den Flüchtlingen verschließen. Aber die Ziegenhainer wollen auch leben.

Und Brot und Getreide gehen zu Ende. Ich muß erst an die Einwohner und die Besatzung denken. Es darf niemand mehr herein. Man hat mir gemeldet, daß die Kaiserlichen in zwei Tagesmärschen hier sein können. Dann geht es hart auf hart."

Lachend wirft einer der Würfelnden dazwischen:

„Wir haben schon manche Belagerung in diesen vier Jahren aushalten müssen. Wir werden auch den neuen Ansturm noch bestehen."

Heinz Lüder hebt lauschend den Kopf.

„Halt! Dröhnt es da nicht wieder ans Tor? Nehmen denn die Flüchtlinge heute Nacht kein Ende?"

Die anderen hören auf zu Würfeln und lauschen auch.

„Sie haben wohl alle vom Heranziehen neuer Truppen gehört. Da suchen sie Schutz hinter den festen Mauern der Stadt."

Heinz Lüder hat den Kopf auf beide Arme gelegt, er ist müde. Auch ist es wohlig warm in der Wachstube. Draußen zerrt der Wind heulend an den Dachsparren. Ein Wachmann kommt zur Tür herein und meldet, daß noch jemand am Tor Einlaß begehre.

Heinz Lüder hört es nicht mehr, er schläft ganz fest. Die Würfelnden zucken die Achseln.

„Der Obrist hat es verboten, wir sollen alle zurückweisen."

„Wir können im Dunkeln nichts erkennen. Aber sie sagen, es sei eine Frau dabei, die schwer verwundet worden sei. Wir sollten sie um Gottes Barmherzigkeit willen nur noch einmal aufnehmen.“

„Wenn Du den Mut hast, dann wecke den Obristen. Er schlief schon drei Nächte nicht. Wir dürfen nichts entgegen seinem Befehl tun.“

„Ich kann ihn nicht wecken. Er hat lange genug für uns gewacht. Sag' denen da unten Bescheid, daß sie weiter gehen müssen.“

Die Wache wirft noch einen scheuen Blick auf den schlafenden Heinz Lüder und stapft dann wieder davon.

Nach einer Stunde kommen berittene Stadtknechte zurück, die zum Kundschaften ausgeschickt worden waren. Der Obrist muß nun geweckt werden, denn er hat auf ihre Meldung gewartet.

Als er ihren Bericht hört, erhebt er sich schwer von seinem Holzschemel und unterdrückt ein Gähnen.

„Habe wohl wahrhaftig ein wenig geschlafen hier, was? Ist sonst noch etwas vorgefallen unterdessen?“

„Die Wache war nur hier und hat von neuen Flüchtlingen erzählt. Sie sind nach Eurem Befehl abgewiesen worden.“

Heinz Lüder schickt sich zum Gehen an. Er will in sein Quartier und noch ein paar Stunden schlafen, denn zur Abwehr der Kaiserlichen ist nun alles vorbereitet. Während er seine Rüstung zurecht rückt, fragt er kurz:

„Waren es viele Flüchtlinge? Und woher sind sie gekommen?"

„Sie kamen vom Ulrichstein, Herr. Es waren nur wenige, darunter eine Frau, die man tragen mußte, weil sie verwundet war."

Erschrocken schaut sich Heinz Lüder zu dem Sprecher um.

„Vom Ulrichstein? Und eine verwundete Frau dabei? Ihr ließt sie doch sogleich herein?"

„Nein, Herr, wir haben das Tor nicht geöffnet, nach Eurem Befehl."

Aber Heinz Lüder ist schon draußen. Ist unten bei der Wache am Tor und läßt sich noch einmal genau berichten. Die Landsknechte müssen das Tor aufsperren und in die Nacht hinausleuchten. Und Heinz Lüder ruft mit seiner starken Stimme, ob da noch jemand sei?

Aus dem Dunkel, direkt an der Außenmauer löst sich eine gebeugte Gestalt. Langsam tritt sie in den Lichtkreis der Fackeln und auf Heinz Lüder zu.

„Ach Herr, daß Ihr es selber seid! Dem barmherzigen Gott sei es gedankt! Eure Leute wollten uns nicht mehr hereinlassen, und ich meinte schon, Wendula stürbe in meinen Armen."

Heinz Lüder hat den alten Hirten vom Ulrichstein erkannt, der ihn vor Jahren gesund gepflegt hatte. Er packt ihn am Arm.

„Wendula, sagst Du? Wo ist sie? Um Gott, sie liegt doch nicht hier draußen im kalten Wind?“

„Wo sollte ich sie sonst lassen, Herr? Da man uns das Tor nicht öffnen wollte und wir doch nicht mehr weiter konnten, mußte ich sie hier im Schutz der Mauer auf der harten Erde betten. Mit meinem Mantel habe ich sie gewärmt.“

Er weist zurück in das Dunkel, wo man nichts erkennen kann.

Da reißt Heinz Lüder dem am nächsten Stehenden die Fackel aus der Hand, hebt sie kreisend hoch und leuchtet zur Mauer hin. Auf feuchtem Laub liegt dort eine Gestalt, die Augen geschlossen, das Gesicht weiß wie ein Tuch. Die Fackel in Heinz Lüders Hand zittert. Es ist, als käme ein dumpfes Stöhnen aus seiner Brust. Dann fragt er leise, zögernd:

„Ist sie noch am Leben?“

Der alte Hirte nickt.

„Doch ohne Besinnung, Herr. Der lange beschwerliche Ritt hierher hat ihr wohl die letzte Kraft genommen. Sie bekam einen Hieb über die Stirn, als sie den Kaiserlichen die Bibel nicht geben wollte. Als sie zusammenbrach, meinten sie, sie sei tot und ließen sie liegen. Dann warf man Feuer in den Ulrichstein. Ich trug Wendula in den Garten und wusch ihr die Stirn mit kaltem Wasser. Als sie wieder zu sich kam, wollte sie nur aufs Pferd, um hierher nach Ziegenhain zu reiten. Als man uns das Tor nicht öffnen wollte, ist sie abermals zuammengebrochen."

Heinz Lüder schlägt sich gegen die Stirn.

„Und ich habe geschlafen und sie draußen stehen lassen in Nacht und Sturm."

Er neigt sich tief zur Erde, hebt die Bewußtlose vom Boden und trägt sie auf seinen starken Armen dem Stadttor zu. Die Fackel, die er fortgeworfen hat, verglimmt im feuchten Laub.

„Wohin?" geht es ihm durch den Sinn, – „wohin mit der armen, lieben Last? Die Stadt ist übervoll, und in mein Quartier kann ich sie auch nicht bringen. Aber sie benötigt dringend Pflege!"

Da kommt ihm ein guter Gedanke: Ins Wirtshaus ‚Zum geduldigen Lamm' wird er sie bringen. Da kann Meister Gulbrant's rundliche Eheliebste sie betreuen.

Er muß die Wirtsleute aus tiefstem Schlaf wecken, und die sind nicht wenig erstaunt und erschrocken, als der gestrenge Herr Obrist, den die ganze Stadt nur zu gut kennt, mit der ohnmächtigen Frau zu ihnen kommt.

Im Herrenstübchen, wo der Starnfelser vor vier Jahren mit ihm und den beiden Hauptleuten gesessen hatte, richten sie notdürftig ein Lager für Wendula her.

Als der Schein der Kerze um sie ist, und die

vielen Stimmen der aufgeregten Menschen, schlägt sie langsam die Augen auf. Da schiebt Heinz Lüder sie alle hinaus. Auch den treuen alten Hirten, der nebenan todmüde gegen den warmen Ofen sinkt und auf der eingebauten Ofenbank sogleich fest eingeschlafen ist.

Wendula sieht erstaunt den fremden Raum, die hohe Kerze auf dem Tisch und den matten Lichtschein, den sie rings in das kleine Zimmer schickt. Mit Behagen fühlt sie die Wärme, die der große Ofen ausströmt, und die weichen Kissen, die man ihr in den schmerzenden Rücken geschoben hat. Wo ist sie nur? Dies Zimmer hat sie doch noch niemals vorher gesehen? Allmählich kommt ihre Erinnerung zurück. Die brennende Ulrichsburg, die kalte dunkle Herbstnacht, der weite, mühsame Ritt mit der schmerzenden Wunde!

Wohin hatte sie doch nur gewollt? – Ach richtig, nach Ziegenhain, zu Heinz Lüder! Der ihr einst seinen Schutz angeboten hatte, wenn sie einmal in Not käme. Oh, und sie hatte dann so lange, lange vor dem hohen dunklen Stadttor gestanden und so dringend um Einlaß gebeten. Aber sie durfte nicht hinein. Und der ganze weite, mühsame Ritt war vergebens gewesen! Aber wo war sie nun?

Wendula versucht, sich aufzurichten und umzusehen. Da sieht sie Heinz Lüder stehen. Groß und aufrecht steht er am Tisch. Den blonden Kopf ohne Helm, das Antlitz pulvergeschwärzt, die hellen, stählernen Augen fest auf sie gerichtet.

Als er sieht, daß sie ihn erkennt, ist er auch schon bei ihr. Er fällt neben ihrem Lager in die Knie und greift nach ihrer Hand.

„Oh, daß Ihr lebt, geliebte Wendula! Gott sei gedankt in Ewigkeit!"

Sie liegt ganz still, die langen, blonden Flechten hängen ihr zu beiden Seiten über die Schultern. Ihren blauen Mantel hat man über sie gedeckt, darunter hat sie den linken Arm fest an sich gepreßt. Schmal und weiß ist ihr Gesicht geworden, seit er sie nicht mehr sah. Aber ein stilles Licht ist darin, wie von einer Freude ohne Ende.

„Heinz Lüder!", sagt sie leise und froh, – „Heinz Lüder!"

Er kniet noch immer und bedeckt ihre Rechte mit seinen Küssen. Es ist etwas über den starken Mann gekommen, was er sekundenlang nicht meistern kann. Dann reißt er sich zusammen, erhebt sich von den Knien und steht nun vor ihr, groß, wuchtig, die Augen voll Güte und Liebe.

„Als ich Euch auf meinen Armen durch die Nacht trug und kein Leben in Euch spürte, schrie meine Seele auf wie ein wildes Tier, das man ins Mark getroffen hat. Und ich dachte, wenn es wirklich einen Gott im Himmel gibt, dann schrei zu ihm! Ich habe zu ihm geschrien, Wendula, und um Euer Leben gerungen. Und er hat mich gehört."

Sie schlägt ihren blauen Mantel auseinander. Im linken Arm liegt die schwere Bibel, die sie gerettet hat. Und um deretwillen sie den Hieb empfangen hatte.

„Nehmt das Buch, Heinz Lüder. Es soll nun immer Euer Eigentum sein. Und es soll Euch helfen, den Weg zurückzufinden zu Gott."

Still und ernst ist sein Gesicht, als er das Buch aus ihren Händen nimmt.

„Es muß ein hohes und seltsames Heiligtum sein, Wendula, weil Ihr um seinetwillen Euer Leben gering geachtet habt. Weil Ihr um seinetwillen in die Fremde gingt und nichts habt retten können als dieses Buch."

Er legt es behutsam auf den groben Tisch, denn er will es für die nächste Zeit noch bei Wendula lassen.

„Ich muß erst allmählich wieder lernen, an Gott zu glauben", sagt er leise, „denn immer wieder werden neue Zweifel in mir aufsteigen. Wenn nun die Kaiserlichen in großer Übermacht kommen und uns zermalmen werden? Und wenn ich mit all meiner Liebe und Kraft Euch nicht mehr werde schützen und retten können, geliebte Frau?"

Sie sieht ihn erschrocken an.

„Steht es so ernst, Heinz Lüder?"

„Ja, so ernst, Wendula. Wir haben Botschaft, daß große Heerzüge der Kaiserlichen im Anmarsch sind. Und wir haben nur noch wenig Brot und wenig Munition in der Stadt, und keinerlei Hilfe ist zu erwarten. Viele Bürger wollen, daß ich kapituliere. Die Stadt auf Gnade oder Ungnade übergebe. Wie es die meisten Städte in Hessen getan haben. Aber das tue ich nicht. Ich nicht! Einen muß Landgraf Philipp haben, der ihm treu geblieben ist, bis in den Tod. Und wenn dieser eine auch nur Heinz Lüder heißt!"

Wendula faltet die Hände. In ihrem Gesicht ist ein stiller Frieden.

„Wie Gott will!"

*

Wie mit einem eisernen Ring haben die Kaiserlichen die Stadt Ziegenhain umschlossen. Keine Nachricht dringt von ihr in die Außenwelt, und keine von draußen in die Stadt hinein. Tag um Tag müssen die Verteidiger auf der Hut sein, Tag und Nacht wechseln sich die Männer bei der Wache auf der Mauer und dem Wehrgang ab. Während die Geschütze krachen und die Brandpfeile fliegen, während die dumpfen Trommeln zum Sturmangriff dröhnen und das Feldgeschrei der Kaiserlichen: ‚Hie Gott und die heilige Jungfrau!' über die Mauern rast, schneidet Wendula mit stillen, fleißigen Händen weißes Leintuch zu Verbandszeug oder sie kocht mit Frau Gulbrant Speisen für die Verwundeten. Denn sie ist nun selbst wieder hergestellt und kann mithelfen bei der schweren Verteidigung der armen, ausgehungerten Stadt. Immer knapper wird das Brot, immer kleiner die Rationen für die Männer, die im Kampf stehen. Immer ernster und hagerer wird auch das Gesicht des Obristen Heinz Lüder.

Der Winter ist in das Land gekommen und hat alles in seine kalte, weiße Schneedecke gehüllt.

Durch die Straßen von Ziegenhain schreitet der Hunger. Ein früher Winterabend senkt sich auf die zerschossenen, spitzgiebeligen Dächer. Die einbrechende Dunkelheit läßt das dumpfe Krachen der Geschütze schweigen. Es ist jetzt mit dem Löschen schlimm bestellt, wenn ein Brandpfeil gezündet hat. Denn das Wasser beginnt zu gefrieren und die Not steigt aufs Äußerste.

Heinz Lüder hat seine abendliche Runde auf dem Wehrgang beendet. Hat weit hinabgeschaut auf die endlosen Zeltreihen der Feinde und die rötlich schwelenden Lagerfeuer in der Ferne. Undurchdringlich ist der Gürtel, der um Ziegenhain liegt. Und seine Leute sind matt und kampfmüde geworden, denn er hat keinen

Sold mehr und kein Brot. Ein Murren ist unter den Bürgern von Ziegenhain, daß man sich ergeben solle.

Heinz Lüder geht müde durch die Gassen zurück. Sein Haupt ist gesenkt, sein Schritt schwer und schleppend. Er denkt an Wendula und ihr Bibelbuch. Hat sie recht? - Hat sie unrecht? Ist es wahr, was da geschrieben steht, daß Gott helfen kann und will, wenn wir zu ihm schreien? Damals hatte Heinz Lüder es für einige Tage fast geglaubt. Als das Leben in Wendulas todbleiches Gesicht zurückkehrte. Als er sie gerettet wußte hinter den sicheren Mauern der Stadt. Ja, damals hatte er an Gottes Güte geglaubt und an die Erhörung seiner flehenden Stoßseufzer.

Aber heute?

Heute ist es wieder so dunkel und einsam in seiner Seele wie nie zuvor. Weil er weiß, daß es zu Ende ist mit der Kraft der ausgesogenen Stadt, - und niemand da ist, der hilft, - niemand, der den starken Belagerungsring der Feinde sprengen kann.

Zwei Möglichkeiten stehen wie hagere Gespenster vor seiner Seele: Entweder ergibt sich die Stadt und fällt in die Hände des erbarmungslosen Feindes, - oder sie ergibt sich nicht und stirbt den Hungertod hinter zerschossenen Mauern.

Einen Ausweg gibt es nicht mehr. Heinz Lüder beißt die Zähne zusammen. Wieder muß er an das Bild von Dürer denken. Werden denn Tod und Teufel immer, immer neben ihm reiten?

Ach, es geht ja nicht um ihn! Denn was liegt ihm an seinem Leben? Das gehört Landgraf Philipp von Hessen. Aber die anderen alle! Die vielen, vielen anderen, für die er verantwortlich ist – und Wendula!

Jeden Abend, wenn es seine Zeit erlaubt, geht er hinüber ins Wirtshaus ‚Zum geduldigen Lamm' und sitzt ein Weilchen bei ihr.

Auch heute wieder will er zu ihr, – muß er zu ihr, denn es ist der einzige Lichtblick dieser dunklen, hoffnungslosen Tage, wenn er bei ihr sein kann.

Jetzt steht er vor der Tür des breiten Fachwerkhauses und stampft den Schnee von den hohen Stulpenstiefeln. Dann bückt er sich und tritt in die hintere Tür, deren Glocke immer so ängstlich schellt. Wendula, die im kleinen Herrenstübchen neben dem großen Gastzimmer sitzt und eine Näharbeit in den Händen hält, hat dieses Schellen gehört, und eine feine Röte steigt in ihr weißes Gesicht.

Auch für sie ist es jeden Tag die schönste Stunde, wenn Heinz Lüder kommt. Dann vergessen sie beide, daß sie inmitten einer schwer belagerten Stadt sind, daß Hunger und Tod vor der Tür stehen und niemand weiß, ob Befreiung kommen wird. Sie hebt den Kopf und sieht ihm froh entgegen, als sie die Tür knarren hört.

Aber als Heinz Lüder über die Schwelle getreten ist, erschrickt sie. Denn sie hat ihn noch nie so gesehen. Sein Gesicht ist eingefallen und ohne Farbe. Die hellen, stählernen Augen liegen tief in dunkel umschatteten Höhlen. Die Sorgenfalten auf der Stirn sind tief, und um den Mund ist ein herber und harter Zug.

Er legt den Helm auf den Tisch und schiebt sich einen Stuhl zu ihr heran.

„Wie schön, daß ich wieder bei Euch sein darf!“

Er sagt es weich und möchte lächeln, aber es geht nicht.

Sie sieht ihm liebevoll in die müden, übernächtigten Augen.

„Ihr seht schlecht aus, Heinz Lüder. Ihr solltet Euch mehr Ruhe gönnen. Auch werdet Ihr täglich hagerer, weil Ihr nicht genug eßt.“

Er fährt sich über die Stirn.

„Es geht mir nicht allein so, Wendula. Wir sehen alle so aus. Und auch Eure Wangen sind blaß und schmal geworden. Das Brot wird knapp in Ziegenhain.“

Sie nickt ihm froh und mutig zu.

„Unser Herrgott weiß das auch, Heinz Lüder. Und er wird schon irgendeine Hilfe für uns bereit haben.“

„Glaubt Ihr das wirklich, Wendula?“

„Ganz gewiß. Wozu hätte er es uns sonst so oft gesagt und verheißen? Es steht nicht umsonst geschrieben: ‚Werfet euer Vertrauen nicht weg, welches eine große Belohnung hat'."

Er lacht bitter.

„Ich habe meines längst weggeworfen, Wendula. Denn ich weiß nicht mehr, von wo uns noch Hilfe kommen soll. Wir sind am Ende."

Sie legt die Hand auf die Bibel, die immer neben ihr liegt.

„Es ist umsonst, daß Ihr früh aufsteht und eßet Euer Brot mit Sorgen, denn seinen Freunden gibt er's schlafend!"

Heinz Lüder zuckt die Achseln.

„Dann bin ich nicht Gottes Freund. Denn mir hat er noch niemals etwas im Schlaf gegeben."

Aber Wendula läßt sich nicht beirren. Sie nimmt jetzt die Bibel vom Tisch und schlägt den 118. Psalm auf. und liest mit schlichter, ruhiger Stimme:

„In der Angst rief ich den Herrn an, und der Herr erhörte mich und tröstete mich. Der Herr ist mit mir, darum fürchte ich mich nicht; was können mir Menschen tun? Es ist gut, auf den Herrn vertrauen, und sich nicht verlassen auf Menschen. Es ist gut, auf den Herrn Vertrauen, und sich nicht verlassen auf Fürsten."

Heinz Lüder, der den Kopf schwer in die Hand gestützt hat, sieht auf.

„Das ist ein wahres Wort, Wendula, sich nicht verlassen auf Fürsten! Wir haben's an Moritz von Sachsen gesehen. Hätte er die evangelische Sache nicht so schmählich verraten, dann stünde es heute anders mit uns. Bei Ingolstadt und Mühlberg hat sich's ausgewirkt, was er an uns getan hat. Aber sonst, was da steht" – er schüttelt heftig den Kopf – „das gilt heute alles nicht mehr. Dreinschlagen mit seiner Faust müßte Gott, daß die Erde erzittert! Die Verräter zermalmen und denen helfen, die treu waren. Seinen Freunden gibt er's schlafend? Wendula, das glaubt Ihr doch selber nicht?"

Er ist aufgestanden und hat den Stuhl zurückgeschoben.

„Doch, Heinz Lüder, das glaube ich. Wenn es auch oft lange dauert und wir Geduld haben müssen. Als ich krank und schwach vor dem verschlossenen Stadttor lag, da wußte ich auch, einmal würde es Heinz Lüder doch wieder aufmachen. Wenn ich auch warten mußte."

Er sieht traurig aus.

„Es wird mich bis an mein Lebensende quälen, Wendula, daß ich Euch da draußen so habe liegen lassen. Ich will jetzt hinüber in mein Quartier. Vielleicht kann ich noch ein wenig schlafen. Aber der Feind hat irgendetwas vor. Es war heute eine solche Unruhe im Lager. Er soll Verstärkung erwarten. Bewahre uns Gott davor, daß es ein Sturmangriff wird. Das könnten die Mauern und Tore nicht mehr aushalten."

Sie ist aufgestanden und reicht ihm beide Hände.

„Gott geb' Euch einen guten Schlaf, Heinz Lüder."

Er hält ihre Hände fest und sieht ihr tief in die Augen.

„Es ist eine Gnade, Wendula, daß Ihr jetzt hier in meiner Nähe seid und ich immer dann zu Euch kommen kann, wenn meine Seele voll Not und Sorge ist. Nur könnte ich's nicht ertragen, wenn Ihr unter der Not der Belagerung zu sehr leiden müßtet."

Ein weiches Lächeln ist in ihrem Gesicht.

„Was die anderen können, kann ich auch, Heinz Lüder. Es gibt Dinge, die viel, viel weher tun als der Hunger."

Er nickt ernst.

„Ich weiß, Wendula, daß Ihr noch viel mehr könnt als die anderen. Ihr könnt sogar sterben für Euren Glauben."

„Ja, Heinz Lüder. Denn jeder muß sterben können für das, was ihm das Höchste und Heiligste ist. Ihr tätet es ja auch für Euer Land und Euren Herrn."

„Ja, für das Vaterland kämpfen und sterben ist schön. Aber warten – warten – warten – ist schwer. Es ist das allerschwerste. Von einem Tag zum anderen, von einer Woche zur anderen. Das macht schwach und mürbe. Lieber die bittersten Wunden davontragen im frischen, offenen Kampf. Aber so!“

Er stöhnt und greift nach seinem Helm. Noch einmal wendet er sich zurück. Dann geht er in die Nacht hinaus.

*

Die Sonne ist noch nicht aufgegangen, als Heinz Lüder schon wieder auf dem Wehrgang steht. Ein fahlheller Streifen im Osten läßt alles ringsum undeutlich erkennen. Er reibt seine Augen wieder und wieder, denn das, was er jetzt im Morgengrauen sieht, scheint ihm unfaßbar.

Aber es ist keine Sinnestäuschung, kein Traum. Das ganze, weite Gebiet rings um die Stadt, das gestern Abend noch übersät war mit feindlichen Zelten, Pferden und Geschützen, – das ganze große Heerlager der Kaiserlichen, – ist heute Morgen wie fortgefegt, leer, verlassen! Nur Lumpen und überflüssige Gepäckstücke liegen hier und da auf dem zerstampften, zerwühlten Boden. Dazu verkohlte Überreste der Lagerfeuer, Holzpfähle, an denen Zelte und Pferde befestigt waren. Heinz Lüder stürmt den Wehrgang hinunter zum nächsten Tor. Da kommt ihm schon der Wächter verstört und verwirrt entgegen und meldet dasselbe, was er soeben vom Wehrgang beobachtet hat.

Die Kaiserlichen sind abgezogen, sind wahrhaftig abgezogen! Heimlich und im Schutze der Nacht haben sie ihre Zelte abgebrochen.

Aber warum? In aller Welt, warum? Heinz Lüder greift sich an die Stirn. Warum gerade jetzt, wo es für sie so günstig stand? Wo sie genau wußten, daß Ziegenhain ausgehungert und am Ende seiner Kraft war. Sie können es alle nicht fassen.

Die Landsknechte und die Bürger wollen jubeln, aber Heinz Lüder meint finster:

„Jubelt nicht zu früh! Es wird eine List sein, um uns in eine Falle zu locken."

Er läßt sein Pferd satteln und reitet mit etlichen Männern aus dem Tor, um die Gegend zu erkunden.

Matt steigt eine blasse Wintersonne hinter den kahlen, entlaubten Wäldern empor. Krähenschwärme streichen schreiend aus ihren Horsten, und ringsum ist der Schnee zerstampft von den Hufen der abziehenden Pferde. Nirgends ist mehr einer der Feinde zu sehen. Heinz Lüder schüttelt immer wieder den Kopf. Wenn man nur wüßte, was das zu bedeuten hat!

Als sie auf der kahlen Höhe vor dem Südtor stehen, um Ausschau zu halten, biegt plötzlich ein kleiner Trupp fremder Reiter in den Hohlweg ein.

Vorhut des Feindes? Fremde Kundschafter? Ihre Hände greifen zu den Waffen.

Steil steht Heinz Lüder in den Bügeln und starrt den Reitern entgegen. Dann gibt er seinem Pferd die Sporen und jagt den Berg hinunter auf die Reiter zu, denn er hat die Farben der im Morgenwind flatternden Fahne erkannt.

„Heiliger Gott, wo kommt Ihr her, Starnfelser? Ich dachte, Ihr steht weit drüben in Württemberg."

Fest liegen die Hände der Freunde ineinander.

„Ihr reitet nur mit so wenigen Männern, Starnfelser? Hütet Euch! Die Kaiserlichen können nicht weit sein. Gestern lagen sie noch wie ein eiserner Ring um unsere Mauern."

Der Starnfelser nickt. Und es liegt ein frohes Lachen in seinem ganzen Gesicht.

„Ich weiß, daß die Kaiserlichen heute Nacht abgezogen sind, Heinz Lüder. Die kommen auch nicht wieder! Sie werden nun wohl überall abziehen müssen im Deutschen Reich."

Die Ziegenhainer trauen ihren Ohren nicht. Eng drängen sie sich um den alten Starnfelser.

„Wie ist das möglich, Herr Ulrich? Ich bitte Euch, redet! Denn wir sind in der Stadt seit Monaten eingeschlossen gewesen und haben nichts gehört, was draußen im Deutschen Reich in der Zwischenzeit vor sich ging."

„Viel ist vor sich gegangen, Ihr Herren", sagt der Starnfelser ernst.

„Gott hat seine mächtige Hand ausgestreckt und uns Protestanten wunderbar geholfen. Wißt Ihr nicht, daß Kurfürst Moritz von Sachsen vor Magdeburg lag, um es im Auftrag des Kaisers zu erobern? Dort muß Gott selber sein Herz und seinen Sinn gewendet haben: Es hat ihn plötzlich die Reue gepackt, weil er damals unsere evangelische Sache verraten hatte. Diese Schuld wollte er gut machen, und so verbündete er sich heimlich wieder mit den protestantischen Fürsten, unter ihnen Wilhelm von Kassel, Philipp's Sohn. Er versöhnte sich dann mit der Stadt Magdeburg, die ihm im vergangenen Monat ihre Tore öffnete. Er zog die Besatzung von Magdeburg zu seinem Heer und vereinigte sich wieder mit den Truppen der schmalkaldischen Bundesgenossen. An den Kaiser schickte er ein Manifest, in dem er die schwersten Anklagen gegen ihn erhob: Daß der Kaiser die rechte Lehre untergrabe, die deutsche Reichsfreiheit durch eine unmenschliche Unterdrückung vernichte und mit fremdem Kriegsvolk Deutschland mißhandle und verderbe. Weiter habe ich erfahren, daß Moritz nun mit seiner mächtigen Truppe gegen den Kaiser nach Innsbruck ziehen will. Darum wurden alle kaiserlichen Truppen in großer Eile zusammengezogen, um Innsbruck und den Kaiser zu schützen, der dort schwer erkrankt darniederliegen soll. Man erzählt, daß Kaiser

Karl unsäglich betroffen und außer sich sein soll über den plötzlichen Abfall des Fürsten Moritz, dem er so große Macht gegeben hatte. Darum ist auch Ziegenhain so plötzlich vom Feind befreit, denn sie brauchen jetzt alle Truppen in Tirol."

So hat der Starnfelser erzählt, während sie langsam nach Ziegenhain zurückreiten.

Heinz Lüder's Gesicht ist hell geworden und seine Augen leuchten in einem Glanz wie lange nicht. Er wendet sich zum Starnfelser.

„Verzeiht, Herr Ulrich, wenn ich jetzt rasch voranreite, denn ich habe Eiliges in der Stadt zu tun. Wir treffen uns nachher im Gasthaus ‚Zum geduldigen Lamm'."

Er gibt seinem Rappen die Sporen und jagt in gestrecktem Galopp dem Stadttor zu. Jagt an der erstaunten Wache vorüber die Gasse hinauf. Vor dem Wirtshaus wirft er Meister Gulbrant, der gerade vor der Türe steht, die Zügel zu und ist mit zwei Schritten die Stufen empor.

Im Herrenstübchen sitzt Wendula am Tisch. Als sie den Obristen so früh am Morgen an der Türe sieht, geht ein großes Erstaunen über ihr Gesicht. Da steht er auch schon vor ihr, noch ganz außer Atem von dem schnellen Ritt.

„Habt Ihr es schon gehört, Wendula?"

Sie sieht ihn strahlend an.

„Ja, Heinz Lüder. Die ganze Stadt ist ja voll davon."

Er nimmt ihre Hände, und das alte stolze Leuchten ist wieder in seine Augen zurückgekehrt.

„Heute Nacht sind die Kaiserlichen abgezogen. Sie werden nicht wiederkommen. Denn draußen im Reich sieht es gut aus für die Protestanten. Nun wird bald Frieden werden, Wendula. Und dann darf Heinz Lüder auch einmal an sich selber denken. Und darf endlich um die Hand der Frau bitten, die er so über alles liebt. Sagt, Wendula, wollt Ihr dann mit mir gehen als meine liebe Frau, vor Gott und den Menschen?"

Sie legt ihren Kopf gegen seine Brust. Eine große Glückseligkeit ist über sie gekommen.

„Ja, Heinz Lüder, das will ich. Denn meine Liebe hat Dir schon lange gehört."

*

Lange sitzen sie so, glücklich Hand in Hand. Bis Heinz Lüder seine Linke wie schützend über die Bibel hält, die neben ihnen auf dem Tisch liegt.

„Du hast recht gehabt, geliebte Wendula, die Bibel lügt nicht. Als wir heute Nacht schliefen, hat Gott uns gegeben, was wir so sehr ersehnten. Es war die höchste Zeit."

Sie atmet tief.

„Gott weiß immer die rechte Zeit, Heinz. Wir müssen nur hoffen und harren."

Er nickt.

„Und weißt Du, wer uns diese frohe Nachricht brachte? Es ist kein anderer gewesen als Dein Vater, Liebste! Er wird bald hier sein. Meine Leute haben im verschneiten Hohlweg schwerbepackte Wagen der Kaiserlichen gefunden, die sie in der Eile des Rückzuges nicht hatten mitnehmen können. Sie sind voll von Brotgetreide und gutem Mehl. So hat Ziegenhain wieder eine Sorge weniger."

Wendula faltet die Hände. In ihren Augen stehen Tränen des Dankes und der Freude.

Immer goldener bricht sich die Morgensonne Bahn durch die abziehende Wolkenwand.

Von allen Kirchtürmen der Stadt läuten die Glocken.

*

In stiller, majestätischer Schönheit leuchten die Schneeberge der Tiroler Alpen. Ein warmer Maientag ist zu Ende gegangen. Nun hat sich am westlichen Himmel ein Gewitter zusammengezogen. In großer Schnelligkeit kommt es über die Berge und verdunkelt jeglichen Fernblick. Regenströme rauschen hernieder, um die Felskuppen heult der Sturm.

Den steilen Pfad von Innsbruck nach Villach keucht ein kleiner sonderbarer Zug hinauf. Unheimlich werfen die hohen Felswände den flackernden Schein der Windlichte zurück, der das nächtliche Dunkel des steilen, beschwerlichen Aufstiegs erhellen soll. Es ist ein ängstliches Hasten, und immer wieder werfen die Männer des Zuges scheue Blicke zurück in die Tiefe des Tales.

Sie tragen eine Sänfte, aus der von Zeit zu Zeit ein lautes Ächzen und Stöhnen kommt. Immer vorwärts, vorwärts hasten sie, wenn die Nacht auch noch so dunkel und der Sturm noch so rasend ist. Wenn die zerklüfteten Felsen auch den Pfad oft versperren wollen und der tiefe Abgrund zur Seite des schmalen Weges in unergründlicher Finsternis klafft.

Vorwärts! Vorwärts! Und der Mann in der Sänfte stöhnt von neuem, wenn Schutt und Geröll im unsicheren Fackellicht die Träger straucheln läßt.

Der da so einsam und verlassen den steilen Berg nach Villach hinauf flüchtet, ist der größte Monarch in zwei Weltteilen: Kaiser Karl V. Er war in Innsbruck schwer an Gicht erkrankt.

Als Moritz von Sachsen von Norden her vordrang und in kurzer Zeit den Eingang nach Tirol, die Ehrenberger Klause, eroberte, hätte er beinahe noch den kranken Kaiser selbst in Innsbruck gefangen genommen. Nur um einen

Tag kam Moritz zu spät, am Morgen des 23. Mai 1552 zog er in Innsbruck ein.

Kaiser Karl kann es nicht fassen. Hat er nicht gerade diesen Fürsten allen anderen vorgezogen? Hat er ihn nicht zum Kurfürsten gemacht und mit Ehren überhäuft? Nun muß er vor ihm fliehen in Nacht und Graus hoch ins Gebirge hinauf.

Aber Moritz von Sachsen weiß, daß er so handeln muß. Daß er dem evangelischen Glauben wieder zu Freiheit und Entfaltung verhelfen muß. Daß er wiedergutmachen muß, was er in schwerer Stunde aus Herrschsucht und Ruhmgier falsch gemacht hat.

Siegreich zieht Moritz nun das Inntal hinunter bis nach Passau, wo er den Fürstentag zusammenruft. Groß und klar sehen sie es alle, daß der evangelische Glaube nicht mehr unterdrückt werden kann. Und einmütig beschließen die versammelten Fürsten, daß hinfort jede Feindseligkeit zwischen beiden Konfessionen aufhören und die Protestanten wie die Katholiken freie Religionsausübung haben sollen.

Das war der Passauer Vertrag vom 29. Juli 1552.

*

In Deutschland ist ein Jubeln ohne Ende. Die vertriebenen Geistlichen kehren zurück, die gefangenen Fürsten gehen frei in ihre Heimat. Kaiser Karl, der nach seiner überstürzten Flucht vor Moritz von Sachsen nach Deutschland zurückkehrt, muß dies den protestantischen Geistlichen und Fürsten zugestehen. Denn seine Macht und sein politischer Einfluß sind geschmälert. In den kommenden vier Jahren muß er erkennen, daß sein Vorhaben, die kaiserliche Macht zu erneuern und die Einheit des Glaubens wiederherzustellen, mißlingt. So sollte er 1556, des Herrschens müde, die Kaiserwürde niederlegen. –

Als Johann Friedrich 1552 in sein geliebtes thüringisches Land heimkehrt, wird er so überschwänglich und mit Tränen der Freude von seinen Untertanen empfangen, daß er tief beschämt sagt:

„Ich bin ein armer Sünder, wie darf mir solche Ehre wiederfahren?“

Als auch Landgraf Philipp von Hessen vom Kaiser die Erlaubnis zur Heimkehr bekommt, ist eine Bedingung dabei: Daß er Heinz Lüder, den vom Kaiser wegen seiner steten Widersetzlichkeit Gebannten und Geächteten, vor den Augen des spanischen, kaiserlichen Gesandten an Ketten vor das Stadttor von Ziegenhain hängt.

Landgraf Philipp ist erschrocken. Aber er

sagt zu, mit Handschlag und Ritterwort. Denn ist nicht eines Landesherrn Heimkehr und Dasein unendlich wichtiger als das Leben eines armen, gebannten Obristen?

Ist nicht Heinz Lüder nur einer unter Hunderten, den die harte, unbarmherzige Hand des Krieges aus der Weltgeschichte fortwischt, wie man ein Stäubchen vom Rockärmel wischt? Hat er den Kaiser nicht maßlos erzürnt durch sein zähes Verteidigen der ihm anvertrauten Stadt?

Landgraf Philipp sieht es ein. Und weil nun Frieden sein soll, fügt er sich.

*

In Ziegenhain sind alle Stadttore weit geöffnet. Goldene Sommersonne flutet über die Straßen und Gassen. In Festkleidern strömt die Menge vor die Tore hinaus. Blumengewinde ziehen sich von Haus zu Haus. Auf einem der breiten, niederen Wachtürme an der Mauer stehen die Stadträte und spähen in die Ferne. Auch der Starnfelser und Wendula sind dabei. Unten vor dem Nordtor steht groß und frei der Obrist Heinz Lüder.

Sie warten alle auf ihren heimkehrenden Landgrafen Philipp von Hessen, dessen lange fünfjährige Gefangenschaft nun endlich, endlich vorbei ist.

Jetzt gibt der Wächter vom höchsten Turm ein Zeichen. Alle Glocken fangen an zu läuten. Vom Hohlweg her kommt Landgraf Philipp mit seinem Gefolge geritten. Links neben ihm reitet der kaiserliche Gesandte aus Spanien. Direkt vor Heinz Lüder zügelt der Landgraf sein Pferd. Er muß an die Stadthalter in den anderen Städten denken, die bei seiner Ankunft scheu beiseite blickten und es kaum wagten, ihm in die Augen zu sehen. Die es kaum wagten, ihn zu grüßen, weil sie sich ihrer Hilflosigkeit schämten und daß sie alle den Kaiserlichen die Tore geöffnet hatten in Abwesenheit des Herrn. An jene muß Philipp jetzt denken, die sich ihm klagend zu Füßen warfen und um Verzeihung baten.

Keiner hat so dagestanden wie Heinz Lüder. Wie ein Bild aus Stein steht er vor seinem Herrn. Stolz und aufrecht, die Hände voll Schwielen, verbrannt und gebräunt von Pulver und Sonne. So huldigt er frei seinem heimgekehrten Landgrafen.

Der Landgraf springt vom Pferd und steht nun vor dem Treuen. Fest packt er seine Rechte.

„Mein tapferer Obrist! Nun muß ich, statt Dir zu danken, Dich auf Drängen des Kaisers an Ketten hängen. Als Zeuge, daß ich auch mein Wort halte, ist des Kaisers Gesandter mit mir gekommen. Nun sei bereit, Heinz Lüder, und tue mir diesen größten Dienst. Gib dem Spanier unerschrocken und ohne Zaudern das befohlene Schauspiel.“

Groß und furchtlos sehen Heinz Lüder's Augen seinem Landgrafen ins Gesicht.

Es steht auch kein Erstaunen oder Befremden in diesen stählernen Augen. Es steht nichts weiter darin als ewige Treue bis in den Tod.

„Mein Leben hat Euch immer gehört, mein Fürst. Bringt nur die Kette, aber sie muß stark sein, denn ich bin schwer.“

Es ist, als ob oben von der Mauer, wo Wendula steht, ein zitternder Ton käme. Aber Heinz Lüder sieht sich nicht um.

In des Landgrafen Gesicht ist plötzlich ein frohes Leuchten gekommen, wie von einem überirdischen Schein. Er löst die fürstliche Ehrenkette von seinem Hals und streift sie über Heinz Lüder's Haupt. Dann winkt er zwei Söldner herbei, und befiehlt ihnen, den Obristen zum Fackelgriff zu heben. Direkt unter dem Nordtor von Ziegenhain.

Landgraf Philipp wendet sich zum Gesandten:

„Mein Herr Gesandter, Ihr seht Heinz Lüder schweben. Ich habe ihn nach Kaiser Karls Befehl an eine Kette gehängt.“

Des Spaniers Gesicht wird finster. Er räuspert sich.

„Herr Landgraf, *so* war die Forderung nicht gemeint."

Da reckt sich Landgraf Philipp hoch. Ein heißer Zorn ist in seinem Gesicht.

„Bei Gott, wer hat hier zu drehen und zu nörgeln? Meldet Kaiser Karl, daß ich meinen Helden an Ketten hängte. Will er mehr, so soll er selber kommen und Heinz Lüder holen."

Er tritt auf den Obristen zu und befiehlt den Söldnern, ihn wieder zur Erde zu lassen.

„Heinz Lüder, die Ketten, an denen ich Dich unters Stadttor hing, sind lauteres Gold. Nie können sie die lautere Treue bezahlen, die Du mir gegeben hast. Auch der Feldherrnstab kann das nicht, der von heute ab Dir gehört. Willst Du mein Feldherr sein, Heinz Lüder? Willst Du Hessen den Frieden verteidigen? Dann nimm Dein Schwert und sei ein Streiter Gottes für unseren heiligen Glauben bis in den Tod!"

Heinz Lüder kniet vor seinem Landgrafen.

Immer noch läuten die Glocken von allen Türmen der Stadt.

Sie läuten aber das alte, heilige Lutherlied:

Mit unsrer Macht ist nichts getan,
Wir sind gar bald verloren,
Es streit' für uns der rechte Mann,
Den Gott selbst hat erkoren.
Fragst du, wer der ist?
Er heißt Jesus Christ,

Der Herr Zebaoth,
Und ist kein andrer Gott!
Das Feld muß er behalten!